行動創造轉型

中國民主化的思考筆記

中國政治大未來
認識中國的必讀筆記
未來民主轉型的策略與困境一一揭露

王軍濤・著

目錄

下篇

行動者的思考

儘管親身參與政治重大事件並受過多年專業訓練，我一直不想寫書討論中國的轉型問題。主要原因有四個。

第一，作為行動者，我希望將自己的想法寫在河山上，這樣才能留給世界一份可靠的有意義的思想。那些寫在紙上的想法和知識，大都經不住歲月的淘汰，當時也很難說會有很大的影響力。而經過創造性活動能轉化為現實的思想，才是被人們的政治選擇證實其意義和價值的。

第二，行動者的思想會在實踐中不斷被調整、完善和更新，在一個事業完成之前，就將動態和感性的想法寫在紙上，肯定不準確。行動者永遠在路上，思想是一個恒常的滾動學習和選擇的動態過程。在大業未竟時將不成熟的思想著書立說是不明智的選擇。

第三，思想者要「析義理於微妙處，辯詞句於毫髮間」。在兩個類似的說法中發現差異，是思想精微深刻。但行動者要能在現實博弈中將不同的力量運作到一個陣營中，這要在表述政見時有故意的理念模糊，預留各種力量認同的空間。多年實踐經驗和教訓讓我意識到，這不是政治家的狡詐和陰毒，而是行動者必須具備的敬業素質。

第四，古人云「道可道，非常道」，行動者的思想綜合正義的感性和思想的知性，很難用語言盡述境界。思想的著述需要理性的嚴謹，但理性會過濾掉行動者以行動表達的政見中最有感染力、動員力和影響力的精神境界。人命關天，人生的時間也關天；我一直認為將行動者的想法寫在紙上是浪費自己的生命。我不準備在中國實現民主之前著述思想。許多友人想約我寫書，都被我拒絕。等到中國民主化後，自然有人會寫中國的民主化進程，也會直接或間接地述及我的思想。我向許多知心友人放言，等中國民主化後，我願泛舟西湖，一杯薄酒，邀請身歷艱難且有悟性的朋友，花前月下咀嚼世事人生。那時，也許會有機會論及被歷史篩選成就並可以傳世的想法。

今天，這本書的直接起因當然是王丹的力邀。雖然我不準備著書立說，但也不乏點評時事和傳播知識的理性論述，公開演講和私下討論的陳述就更多了。不過，這本書我不想湊合應景。四個理由讓我準備從行動者角度寫一本有關中國民主化的著述。

第一，在中共建政史上從沒有一個時刻凸顯出中國民主化的重要性！過去，中國的民主化僅僅是一個中國問題。這個問題對於人類當然重要，因為中國是世界上最大人口的國家。就像許多討論中國經濟發展的意義專業著述所說，十三億人脫貧是人類經濟史的大事。政治民主化是一件具有更大意義的事件；人類有十三億人公平分享國家的參與和個人選擇的機會。但是，今天，中國的民主化不僅事關中國，還對世界的民主有重要作用。當中國成為世界上第二位經濟強國時，中國的民主化對世界的和平與安全有了決定性的意義。習近平上臺後倒行逆施，建立個人獨裁掌控的掌控的舉國體制，不僅威脅周邊國家的安全和區域和平，而且在世界各戰略要地投放實力，建立新的反對自由民主世界的國際同盟，改寫國際規則。這種破壞原有的國際平衡秩序和製造衝突的做法，引起美國為首的自由民主國家強烈反彈。改造中國成為二十一世紀的世界和平和自由民主國家安全的至關重要任務。川普總統的貿易戰和圍繞武漢肺炎的爭論不過是自由民主世界與獨裁專制的中共對抗的世紀之戰的序幕。後續大戲將會為改造中國提供戰略機遇。

第二，儘管自由民主國家的政治文化和國際政治傳統還遠未達到從內部改變中國的意識，但中國內部確實產生難得的機遇。習近平建立獨裁不僅要鎮壓體制外的異議，還要剷除體制內的異己勢力，包括黨內各派系、家族勢力和與地方政府官員糾纏一道的獨立民間力量。這才是反腐掃黑的主要目的和內容。學界所說的後八九的中共政治穩定的社會基礎，政治精英、經濟精英和文化精英的鐵三角同盟瓦解了。也可以說，他們現在比誰都更希望推翻習近平的獨裁暴政。政治轉型的動力於大眾是公平，在精英則是安全。他們正伺機或創造機會發動政變。

第三，中國大變在即，但準備不足。其中，最主要的準備是中國上下彌漫著對轉型的錯誤的認知。中國乃至華人圈中對轉型的條件和動力機制的誤讀，使得轉型出現的概率大為降低。很難想像，一個急需轉型的大國會有這種普遍認知誤區，因為有關人類轉型的知識已經主導人類政治轉型研究半個世紀。澄清這些誤區、建立恰當的轉型知識體系，是中國轉型發生和健康演進的重要條件。

第四，相對而言，我是闡述這些轉型知識的比較合適的人選。傳播轉型知識，不僅需要瞭解這些知識，而且要有中國轉型的經歷熟悉其中的挑戰性問題。這樣才能與各界關注轉型的國人建立有效的對話。此外，鑒於中國是一個注重學歷文憑的國家，頂級學府的訓練對於說服力至關重要。陰差陽錯，我是極少具備這三樣素質的人選。

於是，我決定認真寫一本中國民主轉型的書。

本書將由三部分構成。

第一部分是我的政治閱歷和思想歷程，為讀者提供一個背景理解我提出的問題及我的探索。一個有意義的論述首先要回答有意義的困境問題；不論論述多麼理論化，其現實困境才是讓理論充滿挑戰刺激的根源。時代背景與實踐者的思考，對選項和選擇做出的介紹更生動和具有更開放的啟示。這些閱歷和歷程也是我的論述的佐證。我的思想歷程有兩個部分。一是理念。我的理念經歷一個由共產黨洗腦教育的狂熱信仰者，到獨立思考探索真理和公義的青年，最後經由民主和自由到今天的憲政民主理念。二是實踐途徑，由一個理想主義殉道者，到進步主義民間活動家，再到職業革命家。第一章與我政治思想相關的家世背景和成長環境。第二章介紹我如何走向獨立思考然後形成憲政民主的理念。第三章介紹我在中國大陸的進步主義信念的實踐。第四章介紹我到美國最初十年的建設性反對派和和平理性非暴力信念實踐者的經歷。第五章介紹我走向職業革命家的心路歷程。

第二部分是討論中國民主化及民間活動家的選擇。正如研究革命的專家所言，政體變遷作為革命不是一個國家內部可以解釋清楚一切緣由，革命是一個全球化進程中各國相互影響和激蕩的結果。如果沒有外來影響，內部的政治革命只是一個政體中的治亂迴圈和王朝更迭。況且，中國精英中有關民主轉型的混亂看法，需要比較政治轉型研究的案例和理論才能有效地澄清。因此，回答中國民主化問題要回顧人類轉型知識發展。由於我要解答自己實踐和感悟提出的、中國精英廣泛存在的誤區問題，這不是一個嚴格的理論史介紹，而是根據我的理論和思考編輯過的思想邏輯結構。這是第六章的內容。第六章也是為後兩章建立一個理論框架，首先討論人類關於民主轉型的三代理論，聚焦在民主轉型的條件。然後討論政治轉型的動力機制，哪些力量和因素推動轉型。然後討論轉型的一般路徑和模式。最後討論中國精英理解轉型中普遍存在的幾個誤區。在第六章建立的理論架構和比較知識基礎上，第七章討論中國轉型問題。中國轉型是人類轉型史上的大事件，本應當得到學界的重視。然而，中國的經驗和教訓沒有得到應有的重視，幾乎在人類轉型研究中沒有位置。這其實是無法得到重視，因為中西之間存在文明、知識和地緣政治的隔膜，主流學界無法接觸中國經驗，而中國學者又試圖進入主流學界，既不關心自己國家的經驗，也不想開發適合自己國家經驗的概念架構豐富人類轉型智慧。不過，我在此書中為自己設定的任務不是探索填補這項理論空白，而是為關注中國進步的人建構一個理解，以推動中國轉型應運發生和健康演進。因此，我的選擇不是全面透徹的研究。本章首先回顧中國民主化的歷程，討論今天的政治情勢和轉型機遇，最後討論中國轉型的重要困境和可能前景。第八章在前兩章的基礎上，探討立志推動中國轉型的人們的行動選項和方案。作為一個複雜的歷史過程的政治轉型，各種力量都必然起一定作用，要不斷做出選擇。我的側重是中國當下的轉型，這是中國大陸特有的政治社會和制度中的轉型。因為我這本書是為了打造和凝聚支持我的政治選擇的行動的共識，在各種角色中，我重點討論的是自己的選擇，即中國民主黨的戰略思考和行動策略。

前述兩部分八章是前後相互銜接的滾動論述。第一部分建立致力於政治轉型的行動者的困境與選擇的理解背景。第二部分介紹相關能夠解決這些困境問題的人類政治知識、中國民主化困境及出路。最後的附錄，主要是我在不同階段發表的文章，一方面佐證那時的思考和行動，另一方面為讀者提供理解我在正文討論的論說。

上篇

我的政治經歷：經驗、問題與思考

自一九七六年第一次坐牢開始，我已經在推動中國進步和改造中國的道路上走了四十多年。現在，我意識到，我的思考都是政治實踐中的思考。因此，要理解我的關於中國進步的思考，最好參照我的政治經歷。政治實踐是為完成政治使命，而使命是解決問題，問題則源自國家和個人實踐中的困境。簡單地說，我的政治經驗、問題及思考有三個階段：在第一階段，我完成關於一個合理的社會的政治制度應該是什麼樣的基本想法，這就是認同自由、民主和法治，或者是憲政。第二階段，我認為國家改革的基本方式應當是朝野合作的改革；我自覺地選擇促進朝野合作的進步主義的行動策略。第三階段，我重新思考國家憲政道路，由寄希望中共擔綱重要角色，回歸民間運動並探索引領變革的行動策略。

第一章 基本背景

經常有人問我，我是怎樣想到從事民主運動並且要為此貢獻自己的一生？更有人追問，為什麼我對中國問題、出路和行動策略會形成一些獨特的看法？因為我出生的家庭和成長的環境是典型的建立和維護中共專制統治的政治中堅社區。其實，在中共發展史和建國史上，像我這樣叛逆很多。威權統治中的民運領袖大都來自民間，但極權社會有機會成為有影響的異議人士的是體制內有位置和空間的人。我的生長環境多少對於我後來的選擇、經驗與思考有影響。根據我的理解，一個人的政治思想取向並不是環境決定的，但確實受到環境的影響。理解我的思考，要參考我的生長的政治和智力環境。

第一節 家世背景

我生在南京。在我一歲多時，隨父親搬到北京。父親是中共軍人。內戰結束後，父親一直在軍隊院校中工作。毛時代的中國，軍隊自成一體。軍隊院校更是一個與世隔絕的小世界。這就是中國作家筆下的大院文化。我的童年基本上是在軍隊大院中度過。這裡與世基本隔絕，雖然可以享受這個體制所提供的優越條件，但是生活其中的人無法親身經歷中國普通百姓的真實情況。當然更無法知道世界其他國家和中國歷史的真實情況。一九六六年以前，院裡的子弟上幼稚園和小學，都是在院裡。中學也大都是寄宿的軍幹子弟學校。一九六六年，我上小學二年級時，所有軍幹子弟專屬學校都對地方開放，但在我們居住社區，多數孩子是軍隊幹部和國防科研單位的知識份子子女。例如：我所上的十一學校，生源除我居住的政治學院外，還有鐵道兵司令部、工程兵司令部、軍事醫學科學院、七機部五院、四機部十院、中國科技大學等。這樣的生長環境有兩個特點。第一，這裡是中共思想控制最嚴密的地方，從早到晚，從家庭到學校，沒有死角。早上有起床號，晚上有熄燈號。每一場政治運動，解放軍政治學院都是最積極投入的單位。第二，這裡又是中共治下智力資源相對發達的地方。學習氛圍較為濃重。我所就讀的十一學校，後來是北京最好的中學之一。中共恢復高考最初兩年，錄取學生很少，而十年中學畢業生參與競爭，我所居住的門洞六家的適齡青年多數都考入好學校，其中三個是北京大學的學生。

一九六五年十月，我剛上小學就趕上毛澤東發動文化大革命。一九七六年底文革結束時，我高中畢業。可以說，在全國範圍內的我們這一屆學生幾乎沒有接受過學校正常的教育。但我的母校雖然一直緊跟中共的政治運動，但對教育也很重視。我們普遍喜歡閱讀，崇尚博學多聞。文革中，中共禁止許多文明社會的書籍和知識，但另一方面文革衝擊正常管理後導致大量這些書籍流失在民間。我們可以得到許多正常情況下都看不到的書，比如金瓶梅。缺乏正規教育的嚴格要求，給我們大把時間自己選擇學習方向和內容。許多人如饑似渴、廢寢忘食地讀自己喜歡的書。自學是一種流行時尚。習近平曾經幾次曬過長長的書單。許多人認為那是吹牛。其實，那是那個時期的青年普遍的閱歷。但讀過這些書並不意味著讀懂。即使不懂，也對青少年的心靈有精神滋補、思維訓練和知識積累的功效。比較其他同齡人，我本人除喜歡文學、政治經濟和歷史外，還特別喜歡數理化及工程方面的知識。我喜歡這些知識中的結構化體系和邏輯簡潔帶來的美感和知性愉悅。這種憑藉興趣自學的習慣是我們知識的主要來源。

我還有一段特殊經歷對於我有重要影響。大約在我十歲時，因病住院將近一年。住院本是無聊的生活，但這裡我接觸到各種人物，包括一些文革前的大學生。他們喜歡我不服輸的性格和崇尚智慧的性格，總拿一些智力和知識的問題「刁難」我。與他們無拘束的閒談和「嬉鬧」，讓我以問題導向的心態，看到許多新鮮知識領域。

第二節 政治資訊和思考的特殊條件

我有兩段人生際遇，對理解我的人生政治思考和選擇很重要。一是早期生長環境為我提供的政治資訊。外人很難理解的是，像解放軍政治學院這類中共思想控制最嚴密的地方，其實也是異議資訊和思想最系統和發達的地方。這裡的人最關心政治。當中共處於上升期時，他們還要標榜追求真理和正義。他們有一套越來越複雜的說法掩蓋問題和解釋與自我標榜相矛盾的事實。這種強烈的使命感，深深影響我的人生選擇。作為中共軍隊最高學府，這裡儲藏大量外人看不見的中共政治資訊。中共在常規思想洗腦教育中刻意隱藏和篡改的事實資料，這裡還可以接觸到。政治學院的學員都是軍中政治思想的骨幹，對他們的教學不是簡單的洗腦，而是要提供許多一手資料，供他們研討和學習。這些資料機密甚至絕密資料。例如，在各教研室的藏書中，有世界各國政要的回憶錄和外國權威撰寫的各國政治史。一些外面不許討論或不承認的問題，這裡也還有內部研討的空間。我們很早就知道，彭德懷案件是有爭議的；許多人家中都有保衛延安這本書，這其實是寄託對彭德懷的態度。我們也很早就知道鄧小平的不光彩歷史。那時，政治學院的院長莫文驊（曾經參加百色起義）就在大會上公然說百色起義時的鄧是逃兵。軍中力主為林彪平反的王念一很早就告訴我一些黨史舊事。還有朱玉教授，他力主為四方面軍、西征和鄂豫皖根據地的一些黨史問題澄清官方的錯誤說法。從他們那裡我得知，根據軍方黨史研究部門調查，所謂葉劍英發密電告知毛澤東張國燾要消滅一方面軍，沒有證據。文革中，許多政治學院的教員都派往北京各地方部門參與軍管。他們周日在一起交換資訊，討論問題，常常流露出許多不同於官定宣傳口徑的資訊和意見。雖然那時我還不能完全理解，但對這些事件已經有不同的看法。北京有一家特殊書店在西絨線胡同七號，專門出售中共的禁書，包括中共領袖王明、張國燾等回憶錄和對前蘇聯體制批判的思想著述。由於這些得天獨厚的優勢，許多其他民間思想家要花許多時間獨立思考和考證的觀點，在我開始思考時已經超越。

另一段人生際遇是我開始從事政治活動後。因為「四五運動」的骨幹以及團中央候補委員和北京大學原子學生等原因，我一直作為主要人物活躍在政治活動的中心，得以接觸各界有獨立思考能力的人。他們之中不僅有長期保持異議思想並屢遭迫害的民運人士，還有歷次運動中最活躍的街頭活動家，還有各領域願意思考政治問題的頂級專業人士，還有中共體制內各地方、各部門官員和核心決策圈的官員。與他們討命和爭辯是一次次頭腦風暴洗滌，一直使得我處在對中國問題探討的最前沿。他們的經歷、睿智以及敏銳洞察力，影響和錘煉我的思路。

最後需要提及的兩個人生經歷的因素，對我也很重要。一是我在北京大學的學習經歷。二是我的政治實踐及位置。這兩段人生際遇，使得我在中國轉型的關鍵時刻，始終在思想探索和政治實踐的最前沿。我會在後面介紹心路歷程和政治經驗時具體討論這兩段閱歷對我的思想和政治選擇的影響。

第二章　政治理想

我的政治理想，有一個演變過程。其實，這是我對於中國前途的思考，幾乎是我一開始懂事時就開始。最初，那是傳統中共要求所有共產主義事業接班人的思想境界。少年時我像類似環境中的孩子一樣，盲從中共洗腦教育，相信毛澤東的革命思想和實踐。大約在高中時，我由盲從毛澤東獨裁領導的中共革命實踐，經由馬克思和列寧的原著批判思考現實，走向思想獨立。一九七六年第一次坐牢的反思，讓我開始認同民主的基本原則和政治學上所說的積極自由。在北京大學讀書期間，我逐步接受消極自由的基本原則。到美國系統讀政治學，我有機會系統地總結自己的政治理想。

第一節 獨立

我生長於一所中國軍隊的最高學府，從小接受的是標準的中國革命教育。從政治學看，這種教育是典型的極權社會的重要部分。現代人類社會的極權體制的合法性建立在極強的意識形態的基礎上。根據這種意識形態，人類社會必然走向某個理想社會；某些精英的使命是排除傳統的制度和文化障礙，加速這一歷史進程；其主要手段就是政治極權體制，通過極權體制，一小撮精英壟斷一切資源和機會，強迫人們接受他們所信奉的意識形態及其編纂和解釋的理論、歷史和道德，強行改造社會與人性，嚴厲禁止、鎮壓和懲罰任何異端和反抗，甚至從肉體上對反抗者加以消滅。在極權體制最初建立的一段時間內，這一體制的宣導者和追隨者有很強的理想主義精神，在主觀意圖上力求保持對其他勢力和全社會的道義優勢。一八世紀以來，捲入現代化進程的一大批國家都曾經盛行過這樣的意識形態和極權政體。由於所有意識形態都有的悖逆人性和違反客觀規律特點，這一體制註定不能實現其意識形態所許諾的社會進步目標。而伴隨著發展目標的挫敗，人們開始質疑人事、政策、體制和戰略的選擇，最後懷疑意識形態本身的正確性。當意識形態不再被信奉，那些為實現意識形態所付出的所謂不可避免的物質、文化和人們幸福的代價將日益呈現為蓄意人為的血腥的罪惡和災難，年輕的理想主義者將開始挑戰意識形態和極權體制。另一方面，極權體制中掌控權力者不受制約從而可以肆意妄為，最初是捍衛意識形態但隨後越來越是維護極權統治本身而嚴厲鎮壓挑戰、反抗乃至懷疑。這種殘酷鎮壓與理想主義幻滅後掌握絕對權力必然導致的腐敗使統治者在思想和靈魂上都開始蛻化墮落；年輕一代在理想喪失的情形下進入政治遊戲，已經純粹是為自己的利益不擇手段地殘暴、腐敗和作惡，早年的意識形態淪為滑稽的謊言和兇狠的恫嚇，極權體制則成為赤裸裸的維護掌權者的工具。我正是生長在中國共產黨革命的意識形態及其實現其意識形態的極權體制由理想主義走向衰變墮落的轉折期。

今天，許多人對中共本質有深刻正確認識的人，並不熟悉共產黨的基本理論。他們是從共產黨實踐中的災難否定馬列主義，包括其基本理論。我是在小學六年級就開始讀馬恩列斯的原著。由於父親的職業關係，我家有馬恩列斯的全集以及一些不在全集中的單行本。林彪事件後，毛澤東號召讀原著並列出六本必讀書：《共產黨宣言》、《哥達綱領批判》、《反杜林論》、《法蘭西內戰》、《國家與革命》和《唯物主義和經驗批判主義》。這些書我都反復閱讀，那時我真誠地相信這些宏達論述建立的共產主義理論。

很難說我是什麼時候開始反叛我所受的教育，特別是思想上的離異傾向可能一開始就有。因為我畢竟是在毛澤東以群眾政治運動的方式推翻當時的共產黨及其統治機器的革命中開始思考問題的。那種朝令夕改的宣傳口徑和翻雲覆雨的政治輪回以及毛澤東的號召使我這一代人沒有穩定的政治傾向，這使我們易於接受離經叛道的思考。而且，出於追求真理的熱望、使命感和榮譽心，我們極力探索與眾不同的結論。即使如此，我們仍然狂熱地相信毛澤東及其所策劃領導的革命；那時的獨立思索，還是力圖嘗試著獨立地理解毛澤東的戰略，因為有人「打著紅旗反紅旗，」這還不是追求真正獨立地思考自己的結論。

導致轉變的真正的刺激來自於宣傳與事實的極度矛盾。這大概與胡平和子明不一樣，他們是從革命中的政治迫害的殘酷後果開始懷疑革命的意識形態和極權體制的。當我們能夠思考政治問題時，革命及其殘酷性已經是我們理解的歷史進步的必要特徵了。我在很小時就為未來能夠承受嚴酷的生活而尋求機會鍛煉身體和意志，我以為這是為未來擔當革命重任做身心準備。每個大規模革命有一套為克服年輕人的本初人道主義情懷的說教和心理調整方式，特別是對理想主義和獻身精神強的年輕人，革命的意識形態具有令他們熱血沸騰的感召力。然而，這種極權國家支持的意識形態簡單、粗暴、專斷、僵硬並且包羅萬象和體系嚴謹，雖然容易在顛峰期俘獲充滿理想主義和獻身精神的年輕人的心，但是，這種意識形態一旦與現實不一致或失敗，也容易遭受質疑並且經不起推敲，只能靠利益、欺騙和暴力維持，從而在道義和政治上破產。從初中開始，我有機會擺脫學校和老師的控制，自己組織社會調查和接觸社會的活動，很快發現社會現實與意識形態的矛盾。而且，許多現實問題不能簡單地用傳統勢力和敵人破壞來解釋，許多革命陣營中的蛻變墮落趨勢、虛偽殘暴和自相矛盾也不能用發展中的問題來辯護。現實與意識形態的允諾的衝突啟動了質疑和獨立探索。

我的懷疑來自第一次獨立進行社會調查。高一時，我帶領一批學生到北京市石景山區黑石頭大隊吃住十天。我親眼見到天子腳下的農村多麼破敗，農民多麼貧窮。與我從多年宣傳得出的印象反差巨大，於是我開始懷疑中共宣傳的真實性。

第一次走向政治反叛是一九七五年前後的鄧小平的治理整頓和隨之而來的反擊右傾翻案風運動。鄧小平的複出和治理整頓得到各階層人民的廣泛支持。自七十年代初開始，厭倦了政治運動和盼望過正常生活的普通中國人民與不滿於被整肅的幹部結合形成一股極強的民意情緒，要求結束文化大革命，恢復經濟和生活秩序，改善生活，進行現代化。鄧小平的大刀闊斧的政治舉措深深得到他們的擁護。四人幫極力反對清算文化大革命，與鄧小平衝突。毛澤東則為維護文革又發動新的政治運動，打擊鄧小平。當這些衝突公開化後，引起人民的強烈反感。一九七六年初，運動開始波及剛剛謝世不久的周恩來總理，反對批鄧的活動逐步開始公開化，最後釀成丙辰清明節前後在幾所大城市的以悼念周恩來為名義的大規模抗議活動。作為所在高中的主要幹部，我拒絕組織任何批鄧活動。當清明節天安門廣場成為活動中心時，我組織兩個班學生去宣示我們的政治訴求。我本人還張貼四首詩詞。這是我開始獨立於中共最高當局思考政治的開端。

那時，我依據的理論還是來自馬克思和列寧。根據馬克思的歷史唯物主義，生產力決定生產關係；經濟基礎決定上層建築。毛澤東犯了大錯，他企圖在生產力還沒到達一定水準時就想建立高水準的社會主義生產關係。但落後的生產力基礎上無法建立先進的生產關係，於是就通過不斷的政治革命操作強行做到這一點。而這又犯了歷史唯物主義的另一個大忌，企圖以上層建築強行建立生產關係。這是顛倒因果關係。

四五運動曾被廣泛稱為當代中國民主運動的開端，這不僅由於她是一批少數獨立思考的年輕人在林彪事件後開始逐漸形成民主意識，而且還因為她是建國後中國民眾第一次大規模地對抗最高指示，表達主流民意，要求糾正毛澤東的不得人心的政治決策。這一運動鼓舞了自文革後期特別是林彪事件之後開始獨立思考的幾代中國人。從此，一九四九年建政後的真正獨立的民間政治反對運動開始登臺了。一九七六年四月七日，中共做出兩個決議，根據毛澤東的指示，四五運動定為反革命事件；幕後策劃者、現場指揮者和反革命詩詞炮製者要被懲處。我這三者都占全了。但當時學校並不知道我的情況。年紀黨支部書記讓我寫一個檢查。我拒絕，但交了一份思想彙報，依照馬克思主義的基本原理，系統闡述了我對毛澤東的政治運動的批判性看法，並告知我在天安門廣場的所作所為。我以為，中共會依照宣傳說的那樣，派人來跟我交流，通過討論解答我的困惑，糾正我的思想偏差。然而，四月十六日，我被北京市公安局收容收審。儘管我做好了坐牢的準備，但這還是讓我吃驚。我當時體會到那本流行小說《牛虻》的主人公亞瑟得知自己向神父蒙泰尼裡禱告後被出賣的巨大心理震撼。我的思想徹底獨立了。我不會再相信最高當局！

第二節 民主

對我個人而言，四五運動被鎮壓及其後我被關押審查的刺激更有啟發意義。十七歲的我，從與世隔絕的軍隊大院的單純環境中，被投進充斥包括殺人犯在內的各色刑事犯中，在各方面都對我產生巨大的衝擊。事後回顧，我還是感謝這一段人生歷練。我對人性的看法、對化外江湖的經驗以及每遇大事秉持無懼無悔的堅強心態，都是在監獄這所學校學到的。這對我未來在極權暴政打壓和控制下創造自己的活動空間有不可替代的作用。不過，這裡我要討論的是我思想發展轉向民主的起點。我以追求民主作為獨立思考和政治活動的目標，是在監獄中的反思確認的。監獄中的思考是豐富、混亂、多變和痛苦的，但關於政治的思考的總體脈絡清楚：為什麼最高領袖可以如此無視甚至鎮壓人民意願？為什麼上百萬人參加的運動能被極少數不得人心者輕而易舉地鎮壓？結論不再是資本主義復辟或修正主義上臺，而是中國缺乏政治民主和思想自由。

一九七六年秋，毛澤東病逝，四人幫被捕，我獲釋出獄。我謝絕當兵安排和按政策留城，而是去農村插隊，以便更多地瞭解農民和農村。中學讀書時的社會調查和獄中閱歷使我深深感到小時候的生長優越環境是我確立和實現自己的政治理念的障礙；在那隔離的環境中，我對中國的現實和中國人太不瞭解。在農村的近兩年生活，我努力使自己進入農民生活，結交一些很好的朋友，這使我更好地瞭解了農民的情感和希望。

一九七八年，我通過高考，進入北京大學原子核子物理專業；同時，被選為共青團十大的代表，會議期間又當選為主席團成員和團中央十屆候補中委。與此同時，天安門事件平反、思想解放運動和對文革的反思導致人們要求突破現實政治禁區，以更廣闊的視野和更開放的胸懷思考和討論中國的發展問題包括政治問題。民主牆運動應運而生。我與當年天安門事件的朋友一道創辦了《北京之春》。《北京之春》使我走出青少年的圈子，認識了一批中國最出色的年輕人並由此開始與他們合作以推進中國的民主化事業。通過民主牆的共同命運，我還得以結識一批其他民刊的出色青年人。在我與許多民主牆同仁看來，建立民主政體應是對中共建政以來的歷史災難反思的合乎邏輯的結論。這或許還包括某些曾冒著生命危險創建極權政體的共產黨革命者。通過文革的親身體驗，他們意識到革命專制的危害，因而希望建立人道主義的民主政體。鄧小平最初大概也這樣想過，他在七九年代末和八十年代初的一些講話中表明他曾設想過建立民主和法制。然而，在緊迫現實問題和守舊老人的壓力下，思想依然陳舊的鄧小平終於放棄全方位的改革開放的想法，以傳統政治手腕玩弄政治平衡遊戲，不惜犧牲追求民主自由的年輕人、資深的知識份子以及黨內試圖營造政治寬容氣氛和啟動政治改革的領導人，維護舊的政治體制。鄧小平在七九年三月在人們要求政治改革呼聲最高時發出降溫警告，隨即抓捕魏京生和其他幾個民主牆活動人士，並在七九年末判處他們很重的徒刑。

鄧小平和執政黨的轉向使我面臨一個選擇。作為剛考進北京大學原子核子物理專業的學生和共青團十屆候補中委，我也許是同齡人中最有條件在現存體系中發展的，但條件是我必須在政治上與鄧小平保持一致；如果我堅持民主牆的獨立道路，我不僅會喪失這些前程，而且還極可能再次入獄坐牢。再次坐牢這一念頭一直伴隨我的大學四年。我幾乎沒有猶豫就做出決定，繼續與我在天安門事件和民主牆的同道一道走獨立為民主奮鬥的道路。那時，許多人包括後來走上反對運動的朋友勸我先進入體制，再改造它。我拒絕這樣的建議，因為我認為，在社會發展的轉折關頭，需要有人明白地說出方向，以爭取國人的認同。此外，毛澤東晚期的中國政治留給中國的教訓之一是，在非民主體制中，中國人需要堅守道義原則和操守以避免最高領導過失和罪惡所造成的瘋狂的災難，特別是堅守誠實，反對迫害和投機。

第三節 自由

與執政黨國策的分道揚鑣使我開始另一個思想飛躍，即由民主走向自由。由於我還在團中央參加各種活動，必須面對主流意見的強大壓力，我對個人的權利尤其是少數派異端的權利尤為敏感。不過，此時我更多地是從自由對社會進步的積極意義和異端個人的尊嚴角度理解自由的價值。我一直認為，現代中國接受民主並不難。當支持君權和極權的意識形態破產後，人們會接受民主政體作為合法的政權基礎。關於積極自由，也可以從功利主義角度接受。但中國人接受個人在社會中不受干預的消極自由的觀念需要一定的努力。

一九七九年底，民主牆逐漸在中國的政治生活中邊緣化，我們開始尋求新的促進中國進步的活動領域，大學校園成為關注中心。文革恢復高考招生在三年中給近百萬年輕人接受高等教育的機會。這些學生包括十年中經歷種種磨難的紅衛兵。鄧小平正開始以年輕化、知識化和專業化改變幹部隊伍成分（那時所有吃皇糧的都是幹部）。人們都知道這些大學生將是未來中國的主導力量。由於天時地利，我的活動範圍是北京大學。我與胡平、張煒、房志遠、方覺、李克強、楊利川、楊百奎、費遠、夏申、張曼淩、李少民、齊海濱以及許多學生幹部、活動分子一道，在北京大學營建校園民主並隨之通過競選使北京大學開始成為全國獨立意見的一個有影響的中心。

一九八〇年底的北京高校學生競選區縣人民代表的活動是《北京之春》和《沃土》兩個民主牆時期的民辦刊物推動的。此時，我提出「過去的十年我們已學會了懷疑和批判，未來的十年我們要學會創造和建設。」藉此口號我想表明，我們這一代不僅通過災難磨煉和艱苦探索在思想上已經獲得獨立，不再接受任何勢力的欺騙、強迫和利誘所支持的虛假宣傳，而且要在思想獨立的基礎上成為一支自覺的獨立的政治力量去爭取把握主導創造歷史的機會；我們還會繼續推動現有的執政者行動，但我們這一代應當逐漸成為主導歷史發展的力量。為利用北京大學這個政治關注中心更好地表達這一代人的政治訴求和智慧，朋友們為我組織了一個強有力的班子準備材料和策略。陳子明、胡平、姜洪、曹思源、呂加民、李盛平、張平和王波等都參與過討論和起草有關文材料。通過討論，我們提出，在中國經濟體制改革應當引入市場機制，政治體制改革應當建立分權制衡、普選和保障公民權利的國家制度。

到一九八〇年底，我的政治理想，也就是中國該建立什麼樣的政治體制的想法就定型了，這就是憲政民主。就我個人思想而言，回歸主流文明的發展是中國改革開放的基本方向。在政治上就是建立自由民主制度。一九八六年在政治體制改革研討熱中，我提出政治發展的四項任務。一是確立公民本位的政治原則和憲政精神。公民是所有政治建設的出發點和歸宿。公民間應當通過公平合理的程式表達政見、交換意見、形成公共決策。二是建立公開平等規則的政治競爭程式，也就是閔琦先生當時概括的建立制衡機制和參與機制的國家政治制度。制衡機制包括嚴加祺先生當時提出的政府不同部門之間制衡、中央政府與地方政府制衡、不同黨派公開平等競爭中相互制衡、以及社會對政府的制衡。參與機制則是公民參與國家大事的討論、領導人的選擇以及直接創制複決的權利和程式。三是培育適宜的政治文化。這主要是阿爾芒德在公民文化。三是探尋適宜的政治發展戰略，特別是進行制度和人事調整，使得支持政治改革的社會力量有更強的政治位勢和聲音，以及高層領導層支持政治改革者佔據上風。四是注重採取適宜的政治改革策略，精心選擇話題，推進政治體制改革討論，並穩妥處理產生的問題，減少代價和阻力。就在我們對政治發展有較為全面的認知和看法時，新權威主義討論在中國勃然興起。我不認為新權威主義討論是合適的政治改革戰略討論的話題，也不認可僅僅從經濟改革需要和避免文明崩潰的風險去規定政治改革的目標和內容，我們需要的是從對人類文明秩序的全面考量和對中國具體政治情勢中困境的認知中理解政治改革的目標模式和戰略策略，但我們不能回避討論中提出的一系列政治學話題。對我而言，在我們確認國家權威的基礎是民主自由後，我們仍有規範國家權威的課題，這不是取消國家權威。在政治發展過程中，憲政是界定國家權威和政治秩序，這不僅是限制國家活動範圍和方式，而且限制多數假民主之名行使暴政和破壞秩序。在政治轉型過程中，美國和法國對此問題的處理為我們提供了正反兩方面教訓。

第四節 憲政民主的政治理念

在哥倫比亞大學系統學習政治學，讓我可以更完整地理解憲政民主，並以更精確的語言表述。我想在此介紹我即將為中國民主黨再出發而擬定的宣言理念：

基於人類數百年積累的有關政治制度建設的政治經驗和智慧，下述原則應當成為中國未來政治建設的思想：

- 一個現代政治共同體是由政治上自由和平等的公民組成；這樣的政治共同體中利益多元和意見多樣，任何人不能以出身、業績和美德作為理由在政治上歧視他人。
- 公民循合理和公正的程式、通過協商制定憲法和法律，建立國家和政府。任何不經被統治者同意而依靠暴力建立的國家和政府是暴政。公民有不服從、抵制、抗議、改變和推翻暴政的權利，以創造自己選擇的國家和政府。

- 設立國家和政府是為促進公民的福祉的公正秩序，確認和保障公民的安全、自由和尊嚴，讓每個公民都公正地參與和分享社會集體行動的機會和成果。國家和政府不應該有獨立於上述目的的自我服務的目的；任何與公民福祉無關的自我服務的國家和政府是濫權腐敗。公民有權揭露、反對和改造濫權腐敗的政府。

- 實現上述現代文明政治理念的最好的制度是憲政民主制度，在這樣的制度中：政府權力和其他公權力被規範和限制，政府權力分權制衡，司法獨立、定期大選產生各種政府的政治領導、國家和政府各職能部門及工作人員（軍隊、員警和文官）在國內政治中中立，各級政府合理劃分職責和權力範圍，公民可以自由表達意見和公平參與政治生活，。

- 無論是憲政制度的健康和有效的運行，還是公民充分和公平的參與，都需要現代民主的政黨制度。現代民主政黨動員、教育和組織公民的意見表達和參與，將公民不同的公民利益和意見整合成公共政策議案，監督國家公權力的運行。

第三章　進步主義的活動家

在確定政治理念後，餘下的工作就是尋找在中國實現理念、建立憲政民主的途徑以及自我定位，這是中國政治演變格局和民運行動策略的問題。我的思想大致經過兩個階段。

前一階段，我選擇立足民間，通過專業活動，推動中共改革，朝野合作互動，實現政治民主化。大約在二〇〇五年前後，我開始轉向以發動民間政治風潮，促成政治革命，實現中國政治轉型。

第一節　進步主義信念的形成

民主牆和競選使我開始與舊的體制分道揚鑣。一九八一年，鄧小平決定徹底封殺民主牆並且大規模抓捕懲處民主牆活躍分子後，我不再寄希望於體制內活動，決心走獨立的道路，徹底獨立於權勢者的安排。那時，我感到憤懣和壓抑，甚至憤世嫉俗。就我早期的思想和個性而言，我應當走上暴力革命的道路。在和平表達政見、尋求變革被徹底鎮壓之後，在鄧小平背叛當年將其推上權位高峰的民主牆並如毛澤東一樣以鎮壓解決政治分歧之後，難道不應當擯棄改良的幻想、以革命推翻暴政、討還公道嗎？

幾個因素使我沒有沿著思考革命的路走下去。首先，我看到共產黨內還有一大批勇於承認錯誤並銳意改革的人。胡耀邦先生是其代表。一九五七年赫赫有名的林希翎女士曾向我介紹過胡耀邦對她的案子的關注情況。我本人在七九年也曾與耀邦有過一次長談。那是當時北京之春代主編呂朴先生與我登門拜訪耀邦。雖然我們是不速之客，耀邦還是見了我們。我力促耀邦改革，釋放魏京生。耀邦先生論及改革很動情。他列舉王安石的命運和自己的經驗告誡我們對於中國的改革要有耐心和深思熟慮。關於魏京生一案，他沒有直接回答，而是拿出一份貴州省委報告，介紹如何抓啟蒙社骨幹成員又釋放並關心他們生活的情況。顯然，耀邦主張放人。我還與胡啟立、李瑞環、王兆國、張黎群、韓天時、袁庚等領導人接觸過，他們的思想容量可以接受自由民主理念。由於我的人生境遇，我一直有機會近距離觀察共產黨或人們所說的體制內的各層領導的決策和行為。我深深感到在舊的體制由於制度缺陷不可避免地墮落腐敗的過程中，一大批有良知的人仍然苦鬥維護正義和試圖挽回頹勢；最終他們會得出改革體制的結論並以其權位和影響力結束這個體制；即使那些墮落者也可能出於個人利害考量最後站在變革體制的一方。事實上，在保護和支持我的師友中，一直有眾多的共產黨人；鄧小平每次鎮壓自由民主運動都引起一批共產黨人與他分手，他們為此付出了沉重的個人代價。何家棟、嚴加祺、郭羅基、于浩成、劉賓雁、蘇紹智、陳一諮、張煒、高文謙等是不同時期的代表。第二，廣大人民在八〇年代接受並支持鄧小平主導的中國政局。我們畢竟追求的是民主理念；不論我們多麼憤世嫉俗地為民眾的糊塗而悲哀，我們必須正視他們的情感和利益。我們必須承認和維護普通人按照普通人的幸福標準、是非觀念和代價承受力去追求自己的幸福的權利。第三，在北京大學我越來越接受人道主義的思想道義原則，。這一原則所要建立的社會是減少暴力和增強社會理性討論的功能。第四，我接受自由民主理念是出於對上一代人發動的革命的殘酷後果的反思。在反思中，我們不能不問這樣的問題：為什麼當年那些以建立自由民主為目標的理想主義青年會變為殘酷的政治迫害狂？以子明的話說，自十九世紀末開始，中國的仁人志士一代比一代激進，總是在暴力顛覆上一代的政治理念的革命中確立自己的使命。一個答案是，革命者急於求成的熱情易於對不同意見採取仇恨心態並加以消滅。在中國已有如此眾多的同胞死於同胞之手後，我們不能再蹈舊轍；我們應當堅持以理性善意對待不同的政治意見和利益。我們必須注意實現崇高目標的手段不應是悖逆人性的方式。第五，通過閱讀，我對西方進步過程有了更完整的瞭解，雖然其中也有血腥暴力和歹毒陰謀，但進步的主流是理性、和平、善意和合法。即使所謂革命也是政治領域的有限變革。那些大規模的伴隨社會革命的政治革命大都後果慘重且後來迷失方向，不是復辟就是倒退。革命不僅造成物質財富的巨大損失和生命幸福的犧牲災難，而且造成政治心態和社會心理創傷使得以後幾代人缺乏必要的精神資源和文化條件建立正常的和平生活秩序和合理的政治制度。最後，在研究關於科學的哲學後知道了人類認識的局限性和尋求真理的過程性。暴力和強迫的環境不利於發現真理和適宜道路。然而，我並不否認革命在某些歷史關頭的重大推動作用。革命都是統治者拒絕改革並激化矛盾逼出來的，是人民在漸進改革失敗、無效或被堵死後不得已的選擇。當一個文明過於腐朽、統治精英拒絕和鎮壓一切改革時，只有革命才能建立新的更公正的社會。

從一九八一年到一九八三年，我逐漸恢復了思想的平靜，開始充實自己，為下一個機會做知識和素質準備。我首先更新知識結構，大量閱讀西方的著作。同時，我還參加一些思想活躍的沙龍和聚會，與新的年輕知識份子一道討論西方思想、理論和歷史經驗，還討論中國的實踐。通過閱讀和討論，我逐步建立起自己理解的自由民主的理論基礎並且學會如何以其批判、解釋中國的現實問題。在此基礎上，我越發意識到，在中國實現自由民主不僅應當有理念，而且要有適宜的的途徑和戰略策略去開發活動領域與空間。我們還需要獨立的實體去推動社會進步和實現我們的戰略。沒有可操作的專案計畫和創造性實踐，自由民主就是空洞的理念；歷史的可能性是人類創造性活動，人類社會進步是通過各種力量互動實現的，不是概念化的先驗分析能完全事先界定的。

第二節 武漢實踐

一九八四年，當城市經濟體制開始改革後，我立即辭去公職，南下武漢創辦這樣的獨立實體。經謝小慶推薦，蒙華中師範學院院長章開沅先生邀請，我到武漢嘗試創辦以教育為基本資源的智力服務企業。後來又轉到武漢大學創辦江夏夜校，我擔任校長。我當時計畫創辦一所新時期的黃埔軍校。二〇年代的中國是軍事定天下，因此應當辦軍事學校。八〇年代中國需要更廣泛的人才在各個領域創造性地推動局勢變化，因此應然辦更多樣化的人才培訓學校。而後，我又轉到武漢發動機廠作企業診斷顧問。最後，我受聘擔任湖北省政府規劃辦公室秘書長助理，為九個縣市制定發展戰略編寫綱要，進行培訓。由於公安部門干預，我在武漢無法立足，於一九八六年被迫回到北京。儘管如此，在湖北，以及由此遊歷四川、陝西和廣東及深圳，使我收穫甚豐。武漢九省通衢，人才會萃，又恰逢胡德平政治支持，有關廣富和吳官正在省市兩層倡言改革，一時風氣領天下之先。天時地利人和使我有機會接觸京城外的各階層人士。我先後與科技研究者、教育工作者、國營工廠幹部和工人、地方政府各級官員、私營企業主、出版家、工人活動家和個體工商戶以及江湖術士相交和共事。肖遠、劉衛華、王志平、張志揚、魯蓉、陳家琪、鄧曉芒、黃克劍、肖凡、胡發雲、張元奎、陳天生、蔡崇國、李明華、王一鳴、許蘇民、彭明、趙林、王振耀和徐勇以及客經武漢的雷幀孝、黃祥、朱正琳和馮倫等都成為我的好友。我還利用辦學、經商、企業診斷和為地方政府制定規劃，廣泛瞭解中國現實狀況、問題和風土人情世故。當我回到北京時，已經不再純粹是只知道理想和書本知識的理想主義者，而是在心中建立起這樣的現實主義意識：設想每種戰略策略一旦實施會在現實中有什麼回應和後果，並在此基礎上尋求實際可操作的戰略方案。

與此同時，我還完成另一次思想飛躍，這就是走向進步主義的社會改造哲學。我幼年立志推進中國進步，那時確立的是革命理論、理想主義和英雄主義的使命感。後來，有機會在北大接觸各種西方思想並且恰逢全社會對文革災難的反思，導致我走向人道主義的思想。從對共產黨革命家由理想主義的青年在實踐中蛻變轉化為心黑手狠的迫害狂的心路歷程的批判性理解，使我開始審慎地思考激進暴力革命的負面後果，包括對政治文化的毒化影響和制度選擇的局限。在南方的豐富多樣的實踐，使我看到現實中潛在發展的充沛動力和廣闊的可能空間，預設的簡單發展圖式和謬置的概念化模式可能會無視潛在的動力機制，扼殺更好的可能前景，並且導致事與願違的後果。社會進步應當通過社會各種力量間相互溝通和協商創造基本共識以確認和解決問題；立足於現實力量和利用現有的制度、文化及其他資源應是實現理念基本途徑；通過宣傳、討論和運作建構社會或政治多數認同是重要的政治任務。進步主義的這種政治善意出於兩種考量。一是價值準則。社會改進應當是全社會多種力量不斷商討和協作的結果；任何力量都不應輕易將自己的意圖強加於社會，包辦涉及全社會的事項。二是認識論準則，沒有人能知道所有真理，尤其是涉及他人意願和利益的事項，應當與其他力量協商。在進步主義的信念支配下，我更加關注調查現實問題和解決條件，研究可操作戰略和策略，建立支撐戰略的人才組織機制和資源動員模式，構造社會的多數共識，並圍繞這樣的操作目標更新知識結構，拓展人脈網路，積累經驗，追求專業化的運作水準。

一九八六年參與北京社會經濟科學研究所時，我的思想已經完成從中國共產黨的革命教育到獨立探索，再到追求民主和自由的政治體制，再到尋求進步主義的社會變革模式和戰略的轉變。

在武漢華中師範大學、福建省社科院和北京經濟學院的三次演講中，我概括過自己當時對時局和前景的分析判斷。中國處在三股潮流的交匯中：國際共產主義運動面臨困境尋求新的出路，科技革命和工業化進程推進的現代化進程，和人類各種文明相互衝突融合形成新的文明發展格局。值此風雲激蕩的大時代，在政治、經濟、社會、文化、科教等領域都產生許多尖銳的挑戰性問題。中國朝野兩代人為探索出路先後經歷毛派中溫和派與激進派的鬥爭、凡是派與實踐派的鬥爭、改革派與還原派的鬥爭、以及改革派內部就改革取向的鬥爭；與此相伴隨，中共經歷華汪體制、鄧陳聯盟和胡趙體制，到八〇年代中期，銳意改革的胡趙即將啟動全面改革；而年輕一代也正擺脫理想主義的革命文化向著務實和專業化的建設性思路轉變。中國有望在八〇年代和平解決三股潮流提出的挑戰性問題；這是中國現代史的轉捩點；此前，中國的問題都是通過代際之間、集團之間和上下之間的流血衝突而解決的。

第三節 北京社會經濟科學研究所

一九八六年底，我回到北京，加入子明、盛平、閔琦等開創的集團。就在我在武漢努力並遭受挫折的時候，子明和盛平在北京探索如何建立支援事業的實體取得了戲劇般進展。他們在技術開發實體和貿易嘗試遭受挫折、但在暢銷圖書出版方面略有成就，在此基礎上，他們創辦函授學校，取得了巨大成功。不僅積累一筆可觀的資金，而且在此基礎上為辦好學建立起叢書編纂委員會、圖書發行公司和研究所。這是一個可以大有作為的事業生長點。以此生長點，我開始與子明合作建立具有很強抱負和進取心的獨立民間實體群。

與子明的合作是從一九七六年四五運動開始的。那時，我們雖然並不相識，但一起推動那場旨在結束毛澤東的繼續革命的運動。我與他結識是在官方組織的「四五」英雄的聚會上。我對大家說，「四五運動」平反後，新的問題會出現，我們會分化。子明當時嚴厲批評我不該在此時分裂隊伍。子明熱誠的責任心和犀利的見識給我很深印象。以後，我們開始一道辦《北京之春》。子明是時事編輯，負責寫有關對局勢和政府的評論文章。他表現出國人中少有的將尖銳批評與善意建議相結合的風格。當民主牆轉入低潮後，陳子明又通過激烈競爭的考試，被錄取為科學院研究生院分子生物學研究生，並擔任科學院研究生院研究生會主席。一九八〇年北京的高校競選中，子明開始成為競選團隊中做出最重要貢獻的領軍人物。他讓在上海讀書的弟弟子清將上海競選情況編寫成報告通過朋友在北京高校中廣泛散發。他本人參選科學院研究生院代表並鼓勵妹妹子華參選商學院代表。他還推動北大、清華、人大、師大和北京經濟學院的競選活動。他本人為我組織和撰寫競選文章，親自對每篇稿子進行編輯。競選全面展開後，他積極推動高校競選人聯線合作，發表時局聲明，並聯合當選代表對人大進行改革。此時，他已經是民間獨立政治活動的主要策劃者。一九八一年鄧小平鎮壓民主牆後，我們團隊中一批人被嚴密控制，不僅活動空間有限，而且原來的活動方式也無法再用。子明以開闊的視野創造性地開拓新的活動領域和形式，並由此開始成為民間獨立力量的一位主要帶頭人。他與姜洪、石曉敏等其他朋友建立的國情組，再次表現出他一貫特色，將民間獨立批判的立場定位與建設性參與相結合。在一九八四年執政者啟動城市改革後，子明與盛平一道創辦一系列實體，在各個領域嘗試為建立獨立的民間勢力營造運作基地、獲得合法身份和開闢資源來源。與此同時，子明在經營民間獨立力量中表現出的創造歷史的使命感、信念和熱誠，在危機和低潮時表現出的堅韌不拔的毅力與忍辱負重的精神、在營造反對派文化中表現出的對強大的執政者的批判性與建設性相結合的思想風格、在機會驟現時表現出的對局勢發展潛在空間與團隊定位的洞察力、在各種環境和歷史條件下展現出的創造性的戰略規劃能力和項目策劃能力以及打開局勢的能力，使他贏得了同道們的尊敬。正是子明在營建民間獨立力量的歷史過程中表現出的難得的視野、意志與能力，使他從一位「四五」時期眾多英雄中有自己特色的有活力的活動家，迅速成為民間獨立勢力的領軍人物和團隊靈魂。當然，子明在思想意識局勢研判中有自己的弱點、盲點和局限，在實際操作中如何以匠心獨具的戰略意圖與他人溝通方面有時會引起誤解。然而，在創造歷史的時刻，民間獨立力量開拓的是沒有先例的事業，這樣或那樣的問題是難免的；好在團隊骨幹多為理念堅定和閱歷豐富者，更看重子明所具有的在極權體制解體中營建民間獨立力量不可缺少的膽識、毅力和能力。我是在辦《北京之春》時就看出子明的這些素質對團隊的建設至關重要。一九七九年我在子明那兒住過一宿，就告訴他，他會是團隊的領軍人物；每有大事，我總願與子明商議；在重大關頭對於子明的忠告和勸解，我也多願接受。這也是我在與子明私交還不深時就支持他領軍團隊的重要原因。

從武漢回來後，我已經初步形成對中國的現實感受，確立了進步主義的改革觀，尋求以可操作方案創造性地打開局面。子明和盛平等老朋友建立的函授學校和中國政治行政研究所正是很好的起點。他們不僅建立了獨立的實體保障資源來源，而且聚集了一批過去幾年中出現的優秀的政治學者和推進政治改革的青年知識份子，如王燕濱、謬曉飛、陳兆剛等。應當將推進中國全面改革的任務提上日程。我們已經有堅守理念和長期合作形成的核心，有對局勢的判斷和自己定位的理解，有擁有資源的實體，有拓展事業所需要的幹部和社會關係，有多方面活動的經驗，現在是探索如何影響社會和政治變化的機制並在此基礎上制定能進一步開發和整合各方面資源和活動的戰略的時候了。

我所理解的戰略是專業活動和政治活動兩個領域。

在專業領域，我們主要是通過建立一條思想生產和銷售流水線來推動精英思想和社會觀念變化。首先是研究開發思想產品，這包括翻譯和研究課題以及頭腦風暴式的沙龍討論。其次是批量生產產品，包括報告撰寫、書籍編輯和音像製作。再次是銷售推廣，包括講座、函授、培訓、圖書發行、研討會、報刊通訊、新聞熱點製造等。第四，我們建立實驗基地，這不僅包括我們自己辦的各類事業實體而且有我們選擇的各種發展地區和部門；在這些實驗基地嘗試我們的想法。最後，有後勤保障和資源（包括軟硬兩種資源）開發；為支援我們的事業，我們建立了電腦中心、車隊、調查中心和一套專職與兼職相結合的文秘處理班子。所有這些環節都有專業化實體實施具體操作方案；而幾十個在各個領域法律上獨立地運作的實體和專案通過團隊核心的溝通和協作，形成相互銜接支援、蓬勃創新發展的事業格局。

影響政治變化則主要是「一體兩翼」的政治戰略。一體，就是以我們的團隊和所聯繫的知識份子、企業家和官僚為核心和基礎，提出明晰的思想和政策提案。兩翼中的一翼是民間異議運動。主要是通過北京大學為中心的高校學生的活動，提出議題並打入公共視野和執政者日程表，影響公眾輿論和局勢。另一翼是通過討論會、個人交談和諮詢，影響政府決策。這樣的影響機制是通過一系列實體的專業化活動體現和實現的。

一九八六年，中國政治體制改革重新提上日程。剛剛獲得資源和建立中國政治與行政研究所的子明開始考慮深化政治改革有關課題的研究。那一年，子明陪同北京大學教授龔祥瑞先生和美國康乃爾大學教授若伊先生訪問武漢，希望我能在武漢集中一些人才撰寫公民論書籍。我與李進進等一些朋友討論後擬定研究計畫。我們團隊主要骨幹一直關注政治學進展，例如我們在八〇年代初期就開始國家權力結構和行政學研究。到八〇年代中期，我們關注政治系統理論、發展政治學和政治心理與文化研究。子明從系統研究政治改革的戰略高度提出以公民為本位理解政治改革的理念和制度。這一計畫由於我被公安機關逼回北京而未能在武漢完成，但我將課題帶到北京，這就是一九八七年我們所做的中國公民政治心理調查和研究的課題。這一課題有三重意義。第一，提出一個對政治心理文化的可測量的描述性框架；第二，以實證方式分析中國公民的政治心理和文化；第三，引進西方政治學研究的新模式。通過這一研究，我們不僅深化了對中國國情的認知，而且提升我們團隊政治學研究的聲望；更重要的是，我們對於自由民主體制所需要的公民的政治心理文化條件有了更好的理解。當時，我們課題組撰寫一系列文章和報告，在主要媒體發表，掀起一個小高潮。後來，閔琦先生根據這項研究寫了一本專著《中國政治文化》。

一九八七年中國公民政治心理調查的一個直接後果是籌建中國民意調查中心。在調查成果發表、引起廣泛關注後，一位叫王永利的青年人找到我，建議根據調查經驗，在全國範圍內招聘學員進行調查員培訓，然後篩選建立一個覆蓋全國的調查網路，一方面研究政治民意、文化和心理，另一方面可以承攬有償服務專案。我認為此建議是開拓團隊新的發展方向和建立獨特的學術和知識服務機構的好設想，立即與子明商議此事。子明對於社會學建設有全面和深刻的見解，他迅速接受這一建議，並一直關注計畫和建設過程。這一計畫的實施導致了中國民意調查中心的建立和後來的社會學部的建立。為使社會學研究方面更完善，我還利用自己在北京大學的影響力，動員北大社會學系的研究生參與編寫出版社會學知識書籍和研究所的研究計畫，聯繫社會學系、所與我們團隊合作開展研究專案。在調查員隊伍培訓結束和社會學研究初步成形後，我將社會學工作移交給子明和白樺。

我們能夠進行中國公民政治心理調查，是因為我們積累了一定的政治學知識。雖然當時中共主導的教育和學術研究仍然沒有開設現代政治學，但自學習慣和當時中國知識界西方化取向的自由空間，讓我們將目光投向國家急需但久被禁錮的政治學領域。八〇年代中期，我們系統地翻譯和介紹西方政治學的各個分支。陳子明主編幾套叢書。其中，對我政治思考影響大的有政治系統工程和發展政治學的著述。通過這些書，我認識到，政治發展不是啟蒙學者想得那樣完美理想純粹，人們認識到真理，就會立即實現；即使有些利益阻力，仍然可以克服。政治發展受各種條件制約，有政治的、行政的、經濟的、社會的、歷史的和國際環境的因素。一個合理可行的改革戰略應當考慮這些條件並因應局勢發展逐步發展政治制度。

一九八七年，子明以其對社會科學的全面知識開始思考建立較為全面的社會科學研究系統。他打算建立心理學研究部門，並提名為北京人才考評中心。我承擔具體計畫和籌備的工作。當時，主要是與子清的同學合作，爭取拿到研究專案。我通過與中國社科院政治學研究所的談判，將他們承攬的國家計畫專案承包下來。在謝小慶決定加盟團隊後，我將考評中心移交給他。此中心後來成為我們的心理學部。

一九八八年三月，何家棟先生受聘擔任《經濟學週報》總編輯，他邀請我們團隊協助他辦好這份報紙，其實，他希望藉此為我們年輕人打開新的活動空間和領域。我代表團隊進入週報。何老讓我擬定報紙的方針。我根據長期對中國學界問題的認識，擬定「實證化，困境意識，開放式探索，知識份子良知」的方針。所謂實證化，就是盡可能跳出一九世紀的意識形態束縛，採取科學方式研究問題。大幅度減少無休止的傳統政治經濟學的理念演繹，強化討論實際政策問題和引進西方經濟學的框架。所謂困境意識，就是不歌功頌德，而是集中討論發展中的問題，特別是改革開放後出現的會影響改革開放深化的困境問題。所謂開放式探索，就是不局限於以經濟學研究經濟領域，而是多學科角度審視影響經濟發展的所有非經濟因素。週報每期開闢整版討論政治和文化對經濟發展的影響。所謂知識份子良知，就是堅持獨立、負責和嚴謹的學風，不唯上，也不昧俗。為宣導新的學風和確立經濟學作為獨立專業領域的規範尊嚴，週報還每期專版介紹一位經濟學家的成就和理論。

週報的原有優勢是她得到一批中國有聲望的資深經濟學者的支持和關注，是中國經團聯的喉舌。她的弱項是缺乏經濟學的前沿意識和感覺。雖然週報當時沒有一個受過正規經濟學訓練的記者，我們還是保留所有人員，但要求他們去採訪那些在經濟學前沿活動並有獨到見解的經濟學人和政策分析專家。我們每期的第二版專訪一個青年經濟學家，讓他們闡述中國重要經濟問題、政策選項和他們的政策建議。這些經濟學家有林毅夫、周其仁、郭樹清、樊綱、周小川、樓繼偉等。經濟學週報後來成為我們團隊的經濟學部。

我們接辦經濟學週報不久，週報就開始成為有影響的報紙。這也引起各方面注意。有關方面特別關注我的作用。甚至有中央主要負責人提出我與中共爭奪青年人。這不能不使我們調整團隊分工。長期以來，我們團隊一直被公安機關跟蹤監控。我們已經養成習慣，通過自動調整避免不必要的誤會與損失。尤其是建設性事業，需要積累資源、經驗和能夠謀合的幹部隊伍，而這是很難在經常的摧毀性打擊下形成的。在分工調整後，我仍掛在經濟學週報，但不再在報社活動，而是將注意力重新轉向開發新的活動領域和發展模式以及提升學術研究品質。

我是在一九八三年開始嘗試開發工作。那時，與閔琦一道在密雲水庫辦度假村帳篷營。

一九八四年，又與孫慶祝和張平等在河北固安縣嘗試辦實業。同年，我到武漢又辦過各種事業。一九八六年回到北京，子明最初希望我與四季清公社合作辦一個貿易公司。但後來我們有更多的發展機會，放棄了純粹貿易公司模式，轉向具有改革創新和知識含量的事業。最先介入的是科技開發和轉讓功能的研究所。北京思創研究所是四五運動的主要骨幹之一、原《北京之春》的編輯嚴江征利用自己朋友中有科研創新能力的人在子明的投資下創辦的高科技開發研究所。該研究所開發可以註冊專利的科技產品，然後轉讓技術。我受子明和江征委託，擔任理事長。但實際上我相信江征的能力與素質，基本上沒有介入其工作。另一個科技轉讓研究所是團隊骨幹之一畢誼民先生創辦的北京新技術研究所。畢宜民長期在企業中工作，後來擔任過一個中國最好的專家管理的一個工廠的助理，協助管理企業、開發市場和轉讓技術，積累豐富的經驗和人脈關係。一九八七年，他與子明商議開辦一個研究所，將北京地區的成熟技術轉到邊遠不發達省份。我受託擔任付所長。一九八八年該所在寧夏上馬從北京轉讓的電鍍工廠專案。雖然我後來轉入經濟學週報，但一直繼續參與研究所的工作。

教育是我們團隊的一個強項。八〇年代後期團隊的崛起與函授學校的成功分不開。我本人在武漢也辦過江夏業校。一九八七年，我提出辦社會學學習班，面向社會招生，以為團隊物色和培訓工作骨幹。這個班確實聯絡一批有理想和工作經驗的青年人才。有些人後來為團隊在各個領域發展做出貢獻。後來，我還參與函授學校函授部工作。一九八七年對調查員的培訓是我經手的另一個培訓專案。

由於經濟學週報的影響，我可以在更高層次和範圍探索更多的知識服務領域和模式。我先參與山東兗州礦務局的企業診斷和培訓。這是一個中國現代化程度最高的煤礦。我們首先我們為他們開辦幹部培訓、對他們進行企業診斷，宣傳他們的工作。

另一個合作專案是為廣東深圳蛇口工業區制定發展戰略。蛇口工業區是香港的招商局在大陸租用土地開發建設的最早的工業特區。其領導層中有不少我們的知音朋友，我們容易獲得期待的項目。這裡是中國最開放和最現代化的地方，通過這樣的項目，我們不僅可以得到收入，而且可以在中國最發達的產業和地區獲得直接的經驗，對於我們理解中國的現代化問題有很大收益。我們先在那兒與一些民間獨立實體舉辦研討會。借此機會與他們商議合作事宜。此後，我組建一個調研小組，主要是北京大學的研究生赴蛇口通過訪談和閱讀資料搜集資訊，然後討論分析，撰寫報告。後來，還給他們屬下的一些骨幹企業進行企業診斷和管理培訓。

一九八八年我們進行的另一個專案是籌辦延安開發基金會。一九四九年中共建國後延安的發展收效不大。改革開放後，沒有找到適宜的模式發展。我們關注延安是因為，第一，通過解剖這個案例可以幫助我們理解中國的貧困農業地區及其發展問題。我們團隊骨幹都曾插過隊，對於農村和農民發展有特殊感情。我本人與中共分道揚鑣多少是因為目睹農民的悲慘生活與執政者謊言的強烈反差所產生的強烈刺激。無論我們後來現代化事業多麼前衛，我們始終希望抓住一切機會為農村發展探索出路。第二，由於感情所系，這個地區的開發易於產生影響，並擴展我們的工作效果。延安是中共事業由危亡轉而復興的聖地。中共高層領導對此地有特殊感情。如果此地開發能有成效，比較其他地區更容易產生積極影響。開發中，此地也更容易動員老幹部的支援。這種支援不僅有助於延安開發，而且可以幫助我們其他事業的進展。第三，這個地區當時有一批銳意改革並相信我們的地區領導。當時地委書記白恩培和專員王巨才都歡迎我們並對我們赴延安考察做出很好的安排。一批延安出來的退休高級幹部參加了幾次我們組織的研討會。陝西省委書記張伯興和省長侯宗兵也接待了我們，並委派建委主任（後任副省長）張建林先生具體與我商議合作。

我們還嘗試提供法律服務。由於歷史淵源，我們團隊和關係中有不少在中國法律界有聲望和有能力的法律人才。接辦經濟學週報後，有不少人前來告狀，反應問題。我們一般將申訴轉給有關部門。有特殊案件，通過我們的關係轉給其他報社發內參。我本人曾選過一個案件，自己去調查和推動解決。那是安徽省阜陽地區蒙城縣縣委書記姜明亮被陷害一案。姜明亮在文革期間曾因致信中共中央反對文革而被打成反革命，後來平反並由技術員逐步成為縣委書記。在任內大刀闊斧進行改革，發展經濟，由此與地方勢力發生衝突，並被對方藉一個案子陷害。根據我的調查，所有改革派的領導和記者都欣賞姜，但對方編織了一個從蒙城縣政府，到阜陽地委，再到安徽省紀委，甚至新華社內參部記者的活動網路，將姜置於死地。我聯繫北京大學和中國政法大學專家學者、人民日報、經濟日報、中國青年報和法制日報記者赴蒙城調查，並征得當時新華社社長穆清的同意推動重新解決此案。但對方通過省紀委和新華社內參部捲入中紀委，壓制進一步查處，封鎖傳媒報導。姜的案件是地方勢力內鬥的案件；姜本人是有思想、有精神境界的人才，但姜的一方確實也有自身問題，而反對姜的力量也不無可以討論的理由。然而，這基本上是錯案。通過姜的案件，我對中國的政治文化和實際運行的權力機制有了更深入的瞭解。我本意是想藉此案為團隊開闢了新的活動領域，為推進制度完善和觀念變革、維護正義和保護人的權益而努力，我們由此建立了司法、媒體和政法協同工作的機制。

到一九八九年，團隊已經有很大的空間並能在多領域展開創造性的活動。這些活動不僅可以開拓團隊獨立於政府發展的資源，而且可以創造新的運行機制在事實上改變著舊的體制。這些進展還使我們團隊有更多樣、廣闊和有效的管道對中國社會和公共輿論產生越來越強的影響力。在開拓新的活動領域過程中，我們探索新的有效工作方式。首先，我們團隊中某些活動能力強的成員利用各種機會物色某個地區或某個領域中有關係的人將我們介紹給當地或該領域中有影響力的人。當時，我們團隊中張平曾經做過特殊貢獻。他酷愛讀書，交遊廣泛，志向高遠，事業心強，善於開拓新的活動空間。隨後，我們組織專業人員提供各種諮詢、培訓和公共關係服務。由於團隊地處京城，又由於團隊骨幹在高校是文革後大學培養的新一代知識份子的排頭兵，我們有豐富的人力資源和關係網可供展開各項智力服務事業。然後，利用各自的資源優勢開發共同感興趣的專案。這樣的開發模式卓有成效地説明我們打開許多活動空間。再後，我們以成功的合作專案為起點建立新的獨立運作實體，作為新的領域的事業生長點。除我提及的我所主持過的事業外，我還參與過茅山道教基金會、華夏讀書社等項事業的開發。最後，為加強項目的動員力和影響力，我們還爭取每個項目能捲入有改革傾向和地位的人物加盟我們的事業，擔任名譽職務。當時，馬文瑞先生擔任延安基金會的領導，黎遇航先生擔任茅山道教基金會的領導，徐向前元帥擔任華夏讀書社的領導。

在發展團隊的各項事業中，我還擔任一項工作，就是人事與公共關係開發的工作。在大的分工中，子明負責各項事業和實體的主管領導配備決策。我則為團隊廣泛物色延攬人才，介紹給子明。由於我的特殊經歷和性格，我有很多的志同道合的朋友，而且他們相信我。我先後將他們引進團隊各方面建設性事業。團隊能夠發展迅速與團隊能快速引進和消化各種人才分不開。而團隊對於人才的凝聚力固然與團隊事業的吸引力有關，但團隊領導核心始終能抱持開放心態歡迎和任用新的人才作用更大。包括團隊主要核心事實上都是可以調整變化的。後來在團隊各項事業中起重要作用的多數骨幹都是新近加盟的仁人志士。由於團隊的主要核心都熟悉管理學的知識並有心做管理實驗，人才的開發和任用一直是工作研究中的核心課題之一。在人才問題上，某些古訓是團隊主要領導的座右銘：「任人唯賢，唯才是舉，」「用人不疑，疑人不用，」「職以授能，爵以授勳，」「內舉不避親，外舉不避仇。」對於專業領域中迅速發展的有政治承諾的團隊，在人才的規劃中，需要妥善處理政治人物、專業人士和團隊功臣的關係。艱苦創業中，有一批朋友將飯碗砸掉投身於事業之中，無論事業如何發展，我們不能忘記他們的功勞。應當儘量創造條件保持他們可以經營的事業的規模和前景。我們是志在推動中國進步的團隊，對於政治上志同道合的朋友，理所當然地應當向其提供機會和資源以使他們得以充實和發展。如果有專業和能力，就放手讓他們主持建設性事業；沒有專業興趣或能力，也為他們提供基本條件自我訓練，為未來擔當政治使命做準備。儘管我們是有政治承諾的團隊，但由於政治體制限制，我們不能直接從事政治活動。我們的各項事業都在專業性較強的領域，這不僅需要我們有專業規劃和開發能力，而且要啟用一大批專業人才去保證項目和活動的專業水準，給予和尊重他們的權力；不僅專業項目生存乃至團隊生存取決於專業水準，而且作為獨立知識份子我們不能讓政治影響專業。當然，由書生和活動家轉入蓬勃發展的專業建設事業的規劃者和管理者，這需要一個過程。團隊主要核心都知道，在管理方面我們仍有許多嚴重問題，有些方面從管理品質上看甚至不及格；僅僅只是因為事業迅速發展和骨幹成員的政治覺悟，團隊沒有出現大的事故和危機。

如果不是一九八九年春夏之交因為政治迫害摧毀我們所有的事業，這個團隊將很快成為全國範圍多方面有很大影響的中心。在這樣的成就基礎上，我們可以進一步提升學術和政策研究的水準，展開大型研究項目。開創性學術研究是我們團隊的傳統優勢。自七〇年代中期，我們就思考中國發展的前沿問題。七〇年代後期，團隊骨幹成員先後進入中國的大學，與十年積聚的優秀年輕人一道討論問題，並以引進的西方學術方法、模式、理論和經驗透視中國的問題。八〇年代前期，我們堅持不懈地推動了有關中國政治改革的討論，並啟動行政學、政治文化、政治發展理論和政治系統論等研究。我本人主持中國公民政治心理調查專案並推動政治心理和政治文化研究。一九八七年中共確立政治改革的意圖後，開始成立專門機構研究改革，並與我們團隊接觸，聽取意見。我們需要更成熟、更全面和更實際的知識和改革戰略思考。一九八八年後半年，我受子明和團隊其他核心骨幹的委託，主持中國的現代化研究。

進行這項中國現代化研究還出於我們感受到的風險和危機壓力，在辦經濟學週報的過程中，我們需要對中國經濟形勢進行更準確的分析。通過與中國各方面經濟學家和政策分析專家的討論，我們發現中國正面臨一場經濟危機；由我們長年對中國社會形勢和政治局勢的跟蹤分析，這場危機不僅會導致經濟形勢惡化，而且會引發社會不滿和危機，並由於行政壓制手段是唯一控制局勢的方式，會導致對政府的不滿和抗議的政治危機。這場危機，也是中國的一次變革機會，逼迫執政者改革體制，解決中國統治者過去一直不願解決的問題。從更大的時空尺度審視，這是中國現代化進程中的一個不能回避的坎；處理不好，中國會象本世紀初那樣再次崩潰；應對得當，中國會由此回歸人類主流文明發展模式。中國需要一批人能以高度負責的專業精神揭示問題和危機前景，梳理可能的發展思路，探討明智的選擇，並以各種方式推動中國人能有主流共識。我們首先將團隊研究骨幹聚集在香山討論應當研究的問題和思路提綱；然後在國務院第二招待所邀請各路學者和記者討論我們提出的問題和思路；然後建立研究小組分別研究專題問題和領域；在研究和撰寫報告過程中，我們還雙周邀請京城責任感強、思想敏銳、知識豐富和能創造性多學科思考現實問題的學者專家到研究所討論問題並檢驗我們的說法和階段性成果；我們準備最後就中國發展和現代化問題提出系統的分析考察報告，不僅研究現實問題和出路，而且對歷史問題和世界發展問題有全面審視。這項研究即使在一九八九年政治局勢最緊張的時候也沒有中斷，但六四鎮壓和隨之而來的政治迫害使我們無法進行研究。直至九〇年代，閔琦、劉衛華和其他團隊部分骨幹才召集一些知識份子繼續研究並出版了專著。

到一九八九年，團隊的學術和政策研究已經從政治學起步，發展到經濟學、社會學和心理學，並在此過程中創造和形成一套自己的學術研究組織模式。這一模式包括幾個開發和傳播觀念的獨特機制。首先是團隊核心骨幹經常就政策和學術研究發展前沿交換看法。由於團隊骨幹成員都對現實問題和某些專業領域瞭解情況、有獨立思想並且與某些領軍人物保持資訊溝通，團隊內部的聚會基本上使我們能追蹤中國現實中和學界正在發生的重大事件和趨勢，並在此基礎上上提出值得分析的問題和形成有成果的思路。子明、閔琦、小平、衛華和費遠為團隊提出批判性和建設性的原創性想法。第二個機制是研究所定期邀請京城中思想界和知識份子中有思想高度和現實關懷的領軍人物到研究所討論時局和選擇。小規模討論通過沙龍進行。稍大些的是研討會。到一九八九年，沙龍大概是雙週一次。研討會大概兩個月一次。在這樣的討論會上，我們不僅可以檢驗我們自己的思路和研究，而且能夠聽到新鮮的前沿思想觀點。第三個機制是大型研討會。這通常與幾個單位聯合組織，面向全國徵集與會者。這樣的會議不僅是形成思想的好方式，而且是傳播思想的管道。此外，我們還有新聞發佈會、專題研討會等機制傳播思想。

第四章　從建設性反對派到結束專制統治的民運團隊

儘管發生了一九八九年的六四屠殺，我們對中國政治局勢變化的基本判斷不變：無論從主觀選擇的價值判斷還是從實際情勢的發展格局看，中國應當走和平開放轉型的民主化道路。但是我們團隊的角色必須調整：從隱藏政治活動於專業活動中的民間力量推動政治變革，轉換到打造公開的建設性反對派。兩方面的原因使得這是唯一的選擇：一方面一九九二年的審判案將我們貼上反對者的標籤，我們不再有體制內正常活動的空間；另一方面，六四屠殺催生出一個強大的結束中共一黨專制的國際國內聯合的反對力量陣營，由於長期經歷積累和六四審判案，我們被寄希望於承擔這個陣營中的領袖角色。我們不能再迴避政治迫害造成的活動空間限制，而公開打出反對專制暴政的旗幟。為此，我本人先後參與組建兩個團隊：以中國戰略研究所為支撐點的建設性反對派和以打造替代中共執政前景的民間運動中堅團隊。這兩個團隊的行動策略都是專業活動。

第一節 建設性反對派

一九八九年六四屠殺，給與中共公安機關機會徹底消滅我們的團隊。其實，北京公安機關自一九七九年開始就一直想消滅我們。但受到當時中共各級領導的否決。胡耀邦前總書記曾數次保下我們。時任北京大學黨委領導的韓天時和馬什江力抗教育部。據說，馬什江事後被補刀受到處分。一九九二年，我與子明都被判刑十三年，從此我們開始監獄維護人權的抗爭。一九九四年四月二十三日，我被中美兩國交換到美國。雖然提前結束三分之二的刑期，但四年半與世隔絕和完全陌生的環境對我仍是巨大挑戰。我將在一個完全不熟悉的環境和國度開始新的生活和兌現自己的終生承諾。我從沒有想過到美國來。一九八三年大學畢業不久，我們處在困頓之際，我大學同系同學、工作單位的好友王勁峰到哥倫比亞大學讀書，在中國政治課上聽到我現在哥倫比亞大學的導師黎安友先生提到我們的故事，他與黎安友先生商議安排我到哥倫比亞大學讀書，但我宛拒了。一九八七年，美國南加州大學教授駱斯典先生在瞭解過我所主持的中國公民政治心理調查報告的課題設想和實施成果後也想讓我去讀書，我也沒有同意。中國是我的祖國，我從小就立志終生為推進她的進步而奮鬥；況且那裡正在經歷一場偉大的轉型，為有抱負的年輕人提供最好的機會。但現在我來美國了，而且我必須面對不實際的期望和善意的曲解。那時，我被視為天安門的英雄、民運四朝元老和可能重組海外民運的領袖。

出國前，我是有自己的判斷和計畫的。在自由民主世界，我可以推動和動員人們去關注和支援中國民主事業，特別是聲援那些在艱難困苦中為自由民主的中國奮鬥的人。然而，我很快就意識到這些想法是不切實際的美好願望。在自由民主和市場經濟的世界中，人們必須對現實的成就有高度責任感。而對於時空較遠的事件和命運，雖然也抱以道義同情，但看法會簡單得多，而且不能採取任何對他們近期的成就有太大負面影響的行動。只要中國大陸近期沒有大變局的可能和重大傷天害理的事件發生，人們就會越來越將資源和注意力放到在中國直接掌握資源和決策的力量上；對於自由民主力量只給予同情和崇敬。而且，在對中國本身的命運關注退居其次後，中國問題越來越被兩個大國之間具體的利益衝突與合作格局所主導，某些勢力會為其國家對華政策符合自己的期望而選擇話題並挑戰政府，但這是他們國家內部的政治遊戲；中國人很難在這樣的背景中使所在國的人民理解自己的觀點和看法，因為人們此時並不是想弄清中國怎樣，而是他們在自己國內的政治衝突中應當選擇或製造什麼話題才能更符合自己的價值和利益，中國人對此發表的任何簡單的肯定或否定的答案都容易導致人們對中國真實情境的簡單化誤會。在這些話題上的亮相還會使中國公眾誤解民運已經淪為外國勢力的附庸。這是任何想在中國建構支持民主化的主流民意的人玩不起的遊戲。

另一個我在國內沒有想到的因素是海外民運的衰落。中國海外民運正式起始於王炳章等四君子創辦的中國民聯，在胡平等代表的大陸有影響的新一代知識份子出國加入後一度在華人圈中很有影響。但一九八九年民主運動激發的海外華人大量加入民運會同六四重創後逃亡的大量國內民運人士，在全世界的強烈關注和同情下，掀起了海外民運的空前高潮。不僅如此眾多的新生力量在無體制依託和文化共識時會產生難以在短期內整合的多樣化力量之間必然有的惡性衝突，而且不瞭解中國特殊情勢和境遇的自由世界的關注和支持扭曲了民運應有的規則和戰略，從而將民運引導到先在大陸、而後在自由世界日益邊緣化的境地。真正立志推進中國進步的人以超越現有民運格局的視野，重新建構民運的動力來源和突進戰略。

在我研判局勢和思考以後的方向時，一批新老朋友對我的幫助很大。胡平、張倫、吳仁華、朱嘉明、王紹光和齊海濱專門找我介紹情況。李錄、何頻、高新和龔曉夏也與我討論相關問題。國內何家棟和子明也數次寫信告誡我切莫為落入流亡者虛幻的意識陷阱，忘記本土奮鬥應有的感覺。我開始爭取人們對我的角色的過高期待的軟著陸。遠離媒體，減少活動，提出長遠目光的目標和個人發展戰略。流亡並不像國內的人所認為的那樣美好，遠離熟悉的故土，不僅會遠離支持者和工作物件，而且還被迫在一個完全生疏的環境中重新學習工作方式。在中國，即使置我於牢獄之中，我知道如何有效活動。但在美國，我即使知道如何活動，也因為我不想為個人的說話機會而誘導美國人誤解中國問題和導致中國人誤解我而與中國問題保持距離。但流亡也有優勢，這就是在一個時空距離之外審視中國的發展問題，尤其可以與其他時空點的國家的實踐進行比較，反思自己的問題，從而為未來做出明智的選擇。湯因比在討論人類政治史中偉大文明的興衰迴圈時曾提出「退隱-复出」的概念；意思一個民族在輝煌後衰退時會從世界中心退出來，但如果這個民族能經過更新調整，建立新的適宜精神，那麼這個民族可以再度成為人類文明中心。中國古人認為，在大波之後會有逆境，真正有素質的人應當在逆境中自我調整充實，以便新的機會到來時能再為社會做出新的貢獻。

即使發生一九八九年六四屠殺和我本人被判入獄十三年，我仍然沒有改變關於中國政治理念和道路的基本想法：以進步主義方式促進中國和平開放轉型到憲政民主政體。但是，一九九二年鄧小平南巡講話後，中國經濟進一步改革和開放以及中國加入全球化資本主義進程，導致中國的政治社會急劇變化。在出國後的幾篇文章中，我做出一些新的判斷。一九九七年，我在給王鵬令主編的一本文集中所寫的文章中認為：中共在進一步開放後加入全球化進程，可以需求拉動大約十五年的經濟高速發展。這些需求包括：低工資競爭力增加的出口，升級到住房和汽車的消費，大規模基礎建設、輕工業發展到一定程度後重新啟動的重工業製造業發展。那時，我還沒看到房地產和IT這兩大投資需求。高速發展期間，中共應當可以保持政局穩定。在給美國國家民主基金會出版的民主雜誌中，我提出灰色民主化的概念。鄧後中國將會是一個集體領導的格局；各派系以派系領導佔據機構，而機構間相互制衡；在各派系誰也吃不掉誰的情況下，衝突和博弈中逐步建立規則；這是一個新的憲政生成機制。這個思路，雖然看到一九八九年特別是一九九二年南巡講話後，中國的變化，但基本上是沿襲在國內的改革思路。

在這樣的局勢演進評估後，我做出新的定位和行動策略。繼續過去一體兩翼的戰略。由於一九八九年審判案中，我和陳子明拒不認罪在北京黑手中被判刑最重。我們意外地獲得一個特殊的政治位置和歷史機遇，我們被視為未來中國政治反對派和民運的領軍人物。我們有更好的條件實現我們的戰略。

在政治上，我們採取子明制定的戰略，打造一個建設性反對派。建設性反對派不為反對而反對，而是要拿出一套體現民主理念的治國綱領，在政策平面上跟中共打擂臺。這方面我們過去有基礎。當時中國改革取向的各個領域專家都與我們有直接或間接的聯繫。

這個政治反對派的活動中心當然在國內。但國內不容許反對派建立任何活動基地單位。而我們知道，一個獨立財源的基地是我們事業的支點。這個支點還應該有成套的辦公設施和一個服務於專案的工作隊伍。借助出國時的氣勢，我成立了中國戰略研究所。當時的民運領袖差不多都在理事會中。海外有方勵之、劉賓雁、王若望、萬潤南等。國內有陳子明、劉曉波、王丹、包遵信、陳小平等。美國國家民主基金會、香港支聯會等提供我們資金。我們在華盛頓租了辦公室。那時，美國主要關注中國的議員都和委員會都與我們建立聯繫。美國駐華大使也將自己的聯繫電話給我們。

在國內，我們繼續在政治和專業方面推進事業。政治上，我們按照子明的計畫，公開打出政治反對派的旗幟。劉曉波領銜，先後兩次進行連署聲明。後來，又策劃十次政治發言，對關乎國家建設的重大問題進行討論。然而，中共當局迅速採取措施，對我們進行毀滅性打擊。在第二次連署政治聲明後，陳子明停止保外就醫再度收押入監，王丹被判刑十一年，劉曉波以監視居住的形式被關押在北京郊區。後來，在第四次政治發言後，也就是劉曉波和王希哲聯合發佈「雙十宣言」，劉曉波被抓，後被勞教三年。為摧毀建設性反對派的努力，當局重點打擊陳子明。子明拒絕出國，也拒絕承諾出獄不從事政治活動。但子明當時被查出有癌症，手術後正在做治療。為營救子明，我被迫做出承諾，不再牽扯子明進政治活動。此時，子明、曉波、王丹都入獄。事實上，在一九九六年左右，建設性反對派無法再進行。

但專業活動又繼續進行一段時間。根據我們的經驗，一九八九年後，中共失去超功利的合法性。只能靠經濟高速發展形成新的物質利益誘惑人們繼續容忍他們的暴政。而發展經濟必須對外開放。對外開放必須要專業方式與國際社會接軌。因此，專業活動領域是反對活動可以安全發展的地方。而建設性反對派區別於傳統反對排隊重要特徵就是專業研究產生的民主取向的問題解讀和政策方案，與中共打擂臺。我們以海外募得的資金在國內招募和資助一流學者進行研究。我們以出書為基本方式，將各界專家捲入我們的理論和政策研究團隊。這樣的聯繫大體上有三種方式。第一種，我們以買斷方式與中國政府的專業團隊簽約，提供一筆資助，然後他們將研究成果轉讓給我們。他們為政府做研究和表述成果時都受到許多政治限制。我們則要求他們從職業良知出發，不考慮那些中共的條條框框，撰寫專業報告。他們掌握這些領域的基本資料包括內部資料，熟悉政府的政策。具有戰略和政策打擂臺的優勢，因為他們實際上是自己跟自己打擂臺，是作為中共官員接受中共領導並服務於中共需要的他們，PK作為專家完全出於職業良知的他們。第二種是為業界公認的有實力、有水準和有影響的專家提供研究資金，獨自撰寫中國一流水準的報告。第三種是向頂級大學的王牌專業的研究生提供獎學金，資助他們編譯專業文獻。一方面作為他們自己學業的功課，另一方面為我們提供一些專業資料。到一九九七年年左右，我們已經建立一個學科相對完備的專業研究網路。這些領域包括：政治、經濟、社會、文化、國際關係與外交等。這些專家是中國二十一世紀各領域中有影響的業界領軍人物。在專業研究的基礎上，我們出版了一系列書籍：《解除中國危機－關於中國政經環境的秘密報告》（綜述鄧後中國面臨的各種挑戰和探討各種出路）、《中國跨世紀大方略－未來五年社會經濟發展前景》（考察中國經濟局勢後對中共第八個五年計劃進行批判）、《中國下一步怎樣走－當代中國精英大論爭》（中國知識界關於中國面臨問題及出路的非民主理論的批判）、《中國需要什麼樣的政府》（探討當下中國政治體制和權力結構的問題）、《中國老百姓的權利》（批判性探討中國目前公民權利的基本狀況）、《中國二等公民》（探討中國農民的無權狀況）、《憲政中國》（討論未來中國以憲政建設為主導思路的政治改革）、《比較憲政史研究》（探討和綜述人類憲政道路的歷程和經驗）和《中國憲政史研究綱要》（探討中國憲政歷程）。

一九九七年發生了幾件事促使我們的國內工作逐步限於停頓。鄧小平病故，中國大陸並未如一九八九年人們一般預期的那樣發生政治變局，重續六四鎮壓打斷的民主化進程。香港回歸，使得我們失去直接送往國內的財政資助。我們在海外的基地也發生變故，使得我們失去基本辦公設施和條件。此外，團隊在國內的主要人員無法工作。子明和曉波入獄，陳小平和王丹出國。另一方面，我對海外逐漸熟悉，結識一批可以合作的力量。中國進一步開放，使得國內外交流和合作沒有障礙。我們的工作中心逐步轉到海外。一九九八年，我開始以新建立組織的為中心，嘗試在海外展開我們的工作。這樣的工作沿著兩個線索展開。第一條線索是借助國際頂級學術機構討論中國問題，發展我們的力量。在過去國內研究的基礎上，我們與美國頂級大學合作，舉辦一系列研討會，主要聚焦在憲政建設上，探討中國憲政道路。先後與加州大學洛杉磯分校的中國中心舉辦兩次活動，與哈佛大學費正清中心舉辦兩次活動，與哥倫比亞大學人權中心舉辦兩次活動。這些活動使得我們開始與後八九的中國民間運動的領軍人物接軌；由於他們主要是一九八九年民主運動的參與者，這一點並不困難。第二條線索是借助剛剛興起的互聯網促進華人討論中國問題並形成一個有影響的意見中心。這主要是與何頻先生的多維合作。每一個討論會都緊扣當時的重要議題。組織專家學者和意見領袖線下開會。然後再以會議爭論述評和專訪的形式放到網上。在博客興起後，直接在通過博客論壇論戰。

第二節　憲政協進會

二十世紀結束時，中共顯然已經走出一九八九年鎮壓帶來的政治困境和一九九〇年代的經濟困境，進入新的高速發展期。他們調整過去在國際壓力下對反對運動的有限寬容政策，開始嚴密控制國內外聯繫。二十一世紀初，王丹向我提出新的設想，要以海外作為主要工作場所，高調打出民運的旗幟。這是因應局勢變化和我們自身條件的變化，調整基本姿態，結束海外民運重心是為國內發展服務而保持低調的格局。在與子明等國內朋友商議後，我與王丹開始打造新的生長點。新的團隊以憲政協進會為中心，有王丹、張煒、張倫、胡平、陳小平、李進進、吳仁華等。

在組建新的團隊時，我向大家發出三份備忘錄，回顧了我出國後的思考和工作，分析了當下的局勢，提出新團隊發展的戰略方向和專案體系設想。我繼續原有判斷局勢的思路但聚焦在我們的發展機會上：中共高速發展雖然為精英個人發展提供機會並保障對大眾不滿有效維穩的資源，但為經濟發展和開放必然要建設現代經濟和社會管理制度；這些制度是主要是專業領域的活動規則；像學者、政策分析、法律人、記者這些現代專業的職業規範、敬業精神和獲益機會本質上與中共專制不相容；而中共要執政就要發展，要發展又離不開這些專業和專業人士；這些領域總的專業力量與統治者的博弈將是一個漸進的制度建設和政體轉型過程；我們應當在這些專業領域中成為排頭兵並建立領軍團隊。為此，我們開始新的努力。

首先，我們都爭取在西方頂級學府拿到學位；我們之中多數已經有中國北京大學的學歷。中國是一個重學歷和文憑的國家。這些文憑對於團隊形象、影響力和能力都至關重要。我們團隊的學位包括政治學、經濟學、法學、社會學和歷史學。學術機構包括哈佛大學、哥倫比亞大學、牛津大學、法國高等社會科學院。就學歷而言，這是中國最優秀的團隊，其成員兼有中西方頂級學府的學歷。如果再考慮這個團隊的成員還有中國朝野同齡人中最豐富的政治經驗，這個團隊在二十一世紀初應該是中國和平開放轉型機遇出現時一個有影響力的團隊。

在取得學術資歷的同時，我們開始在多個領域展開活動。一如既往，我們的所有活動要有政治取向的靈魂的同時，要有堅實的對時局、國情、問題和出路的專業分析基礎。我們繼續與國內合作的單位進行各種研究。與建設性反對派時期不同，這種合作不再是海外基地支援國內工作，而是國內領軍人物與我們的個人間合作。由於在九〇年代最後幾年到二十一世紀最初幾年大陸經濟社會發展程度、經濟社會制度、黨政治理模式、社會結構、專業精英成分、公共空間政治意見光譜、民間運動領域和活動模式、社會風氣這些制約政治活動的因素都急劇變化，八〇年代正在逝去，新的時代到來。我們不再是掌握著關於中國發展和民間運動進步的清晰看法的團隊，我們不能依據一個逝去的舊時代的想法去指導一個正在降臨的新時代的創新活動。為了安全考慮，我們不通過通訊技術交流資訊，而是利用國內人物頻繁出國訪問的機會當面交換看法。

在政治領域，我們力促中國各界專業人士和領軍人物就中國發展的國內國際條件、面臨的問題和各種出路等事項，繼續舉辦各種時政討論會；在各界領袖爭論交鋒的基礎上，梳理中國問題與出路。然後通過有影響的網站發表。最有影響的討論是二〇〇三年中共最高權力交接時我們借助哥倫比亞大學東亞所出面，邀請大陸左中右三方專家爭辯。當時，自由派有胡平、何清漣、張瑋等，新左派有王紹光、史天健等，中間派有孫哲、康曉光等。

整個項目進行兩天。話題圍繞中國問題的根源和出路何在。新左派認為，問題的根源在於對全球化中的腐敗和貧富差距管控不力，出路是整頓黨政機器，強化國家對經濟社會的管控職能。自由派認為，問題的根源在於黨政權力高度集中導致的腐敗，強化黨政權力會導致更大腐敗，出路是憲政民主改革。這場討論梳理清晰中國下一步發展和體制改革的方向，成為我們今後政綱的主要方向。第一天在哥大爭論；然後在爭論的基礎上，第二天在法拉盛圖書館面向公眾公開辯論。這個會後，我想策劃更有代表性的討論會，邀請國內外公認的自由派和新左派的代表人物深入討論，地點選在東南亞某個美國和大陸都容易進出並安全的國家，我已經得到多數人物的同意時，中共發動對我們團隊的抹黑攻勢，使得任何來自大陸的參與者都不能成行。二〇〇三年二月，我們在加州大學洛杉磯分校舉辦討論會，曹思源、王丹、王軍濤、胡平、陳小平、梅威廉、于浩成、張倫以及一些大陸學者參加會議，討論中國的憲政改革。二〇〇五年十月二—四日，加州大學洛杉磯分校中國研究中心和《中國法律文摘》聯合舉辦了《維權和中國法制改革》的研討會。曾經代表劉荻、杜導斌、和楊建利等重大政治異議份子的莫少平律師、曾經受理眾多工人和其他弱勢群體案件的周立太律師（重慶）、以及曾經作為律師現在做中國信訪制度和中國工人階級狀況研究的于建嶸教授（中國社科院）、清華大學法學院程潔副教授、紐約的李進進律師，前加大洛杉磯分校中國研究中心主任包曼 BAUM、和《中國法律文摘》主任陳小平作了主體發言。哥倫比亞王大學政治系博士候選人王軍濤、哈佛大學歷史系博士候選人並在加大洛杉磯分校做訪問學者的王丹等其他學者等到會聽講並作評論。我們還在哈佛大學舉辦兩次研討會，一次關於中國農民問題，另一次是關於中國憲政的本土資源。

在法律領域，我們組建中國司法觀察，陳小平、李進進、于浩成、郭羅基等參與，通過查辦重大案件，推動中國進步。第一批案件中江澤民違憲出賣國家領土案件甚至影響中共修憲。中共原有憲法國家主席是虛君制，只有禮儀性職責；外事權在國務院。然而，江澤民以國家主席名義直接參與割讓領土給俄羅斯。于浩成代表中國司法觀察向全國人大遞交追究江澤民違憲越權出賣國家主權的控告，導致中共修憲加入國家主席有國事權。其他案件還有仰融民營企業產權侵權案、中紀委雙規朱曉華違憲私設公堂案、雅虎出賣資訊給中共暴政迫害公民案、郭羅基和陳小平回國權案等七個案件。我們還發行中英文季刊雜誌《中國法律文摘》，介紹中國司法動態，包括司法理論、重大案例和民間維權運動事件。我們招募哈佛大學法學院學生作為義工。最多時數千西方大學、研究機構和對中國法律有興趣的人士訂閱。雜誌在一年後靠訂閱資金就實現自負盈虧。

在公共關係方面，我們建立了與美國國務院、英國保守黨和臺灣、香港支持中國民主的力量之間經常關係。美國作為世界上唯一有能力制約中國的力量，是我們公關工作的重點。我們三次造訪美國國務院，並與國務院做了一些具體合作。二〇〇三年，美國政府曾考慮大規模支持我們的活動，但最後因為美國駐華大使館擔心影響中美關係而叫停。二〇〇二年開始，我們在英國的公共關係取得突破性進展。英國保守黨與我們合作，出資和發邀請，對我們在大陸運作的骨幹進行民主化後的政黨建設和選戰進行培訓。我和我的團隊一直認為，在促進中國大陸民主化的海外力量中，臺灣可以起到重大作用。這主要是三個原因：第一，臺灣憲政民主的經驗對於大陸最有說服力，可以澄清許多大陸精英的拒絕民主的糊塗認識；臺灣的問題也對我們未來負責地引導大陸民主化健康發展在制度設計等方面有借鑒作用。第二，臺灣最能理解大陸問題，最有可能提供大陸推動民主的力量和活動各種支持；最重要的支持是經驗。第三，臺灣對大陸發展有最大的利害相關性。大陸民主化以及理解臺灣民意的力量發展，對臺灣的安全和發展都有正面作用。因此，我們團隊出訪國外主要是臺灣。我本人在幾次訪台中獲益甚多。主要是觀摩學習選戰、文宣、在野黨接管政權和社會運動，同時聆聽臺灣各界和各地普通人民對兩岸關係的理解和態度。如果不是因為已經成為大陸的一部分，我們本來可以在香港有更大的發展。不過，我們深知在推動中國民主化的地緣政治版圖中，香港是最有發力點的地方。由於四五運動的背景和六四的特殊角色，我們與香港民主派有天然優勢保持最好的聯繫和合作。我們在香港年輕民主一代崛起之初就與他們保持密切的聯繫。我本人在香港民主派代際轉換之中，獲得許多政治民間運動發展及其中衝突和博弈的啟示。立足於港臺，我們建立華人民主書院。這個書院成為香港和臺灣及大青年民主力量的基地。

海外民運中的一個經久不息的話題是如何組織隊伍。過去的海外民運在組建隊伍時，一直受困於兩個問題。一是如何做大做強隊伍。因為沒有持續穩定的資源，海外民運的隊伍只能是義工型。多數成員都為生計所累，無法盡職盡責地工作。二是做成幾件事形成一定氣候後，就面臨內部衝突。導致隊伍解散和形象損毀，前期工作毀於一旦。因此，我們團隊一直保持精英色彩。因為精英大都有不錯的收入來源和覺悟。另一方面，彼此知根知底的精英有君子胸懷，能做到和而不同。新團隊組建後，無論是活動和發展的氣勢，還是工作所需要的人力財力關係等資源，我們都需要一個地域、職業和年齡範圍廣泛的隊伍。為做好隊伍由鬆散精英的團隊向凝聚零更強的草根隊伍轉化，我們嘗試建立憲政之友。為嘗試這方面的工作我們還建立中國憲政之友，在海外華人中發展成員。憲政之友採取會員制，成員要交年費。

我們還在國內發展方面探索新的戰略規劃。在二十一世紀初，鄧小平南巡講話和江澤民、朱鎔基對中國的大規模改革，將中國納入資本主義全球化體系。快速發展和與國際社會交往，使得中國社會急劇變化。一九八九年以前的民間力量在嚴厲的政治整肅和管控以及急劇變化的社會結構中逐步消解，國內新興民間力量板塊正在浮現。我們在八〇年代建立的形象和人脈優勢日益邊緣化。顯然，我們需要新的方式接觸這些新興力量板塊並建立新的隊伍和關係。在建立「社會動員與網路構建「的思想指導下，我選擇國內民間合作單位，準備下述發展計畫：

- 企業家網路：通過論壇、沙龍和商業平等形式在新興的企業家階層中尋找民主化的盟友和具有民主政治家素質的企業家，以期在民主化的關頭得到他們的全面支持和為將來民主政府貯備人才。企業家正在成為中國全有權勢的階層，他們手中握有的政治、經濟與社會資源正在急遽增加。

- 鄉鎮長培訓：利用中共允許的形式上的選舉，動用民主的力量，對鄉鎮長進行民主知識與民主技能的培訓。農民占中國人口的百分之八十。農民對民主化的接受程度，決定民主化在中國的成功程度。青年領袖培訓：對專業人士中具有政治潛力、認同民主政治的青年領袖，尤其是媒體和律師界的傑出青年進行培訓。在中國媒體出版和律師行業的市場化程度越來越高，其中吸納了大批的青年才俊。他們所掌握的媒體資源和司法資源在中國的民主化過程中發揮重大作用。

• 家庭教會：聯絡全國各地的家庭教會領袖，從中尋找民主化的盟友，並通過他們把人數正在迅速增加的教友變成中國民主化的支持者。宗教力量在東亞的民主化過程中發揮了重大作用。在中國，家庭教會正在成為龐大而無形的社會政治力量。由於收到當局的壓制，他們應是民主政治的天然同情者。

• 政策論壇：通過組織民間的專家對長遠的、重大的公共政策議題發表聲音，提出比官方的政策更為合理的政策選項，為民主化化之後處理公共中政策問題打好基礎。由於威權的衰退，在中國，政策評論的空間越來越大，使得民間對公共政策發表意見成為可能。由於當局須利用公共政策為既得利益服務，其公共政策背離民意，所以，來自民間的政策建議極易取得來自民眾的積極反響。

我們還試圖以中國司法觀察和ChinaJudicialReview建立與國內剛剛出現的維權運動的合作關係。

中國憲政協進會還在網站建設、文化事業和傳播機制等領域制定野心勃勃的發展戰略和計畫。如果不是中共持續打壓，我們本可以以中國憲政協進會為基本架構發展新的民間運動的有影響的團隊，接軌中國八九前後的民間力量改造中國的努力。

二〇〇四年「六四」十五周年，我應子明邀請，寫文回顧自己的政治經歷和心路歷程，曾用獨立、民主、自由、進步這幾個詞形容自己的思想和實踐演進路徑。最終成熟的進步主義思路由天下大勢判斷和團隊行動戰略兩塊構成。天下大勢即國家政治演進路經是：元素不變、關係調整、結構更新、法統延續。元素不變和關係調整的意思是：國家基本設施繼續存在，但這些設置的權力關係要調整；例如，共產黨、人大、政府、社團都繼續存在，但他們的權力將有強化有弱化。結構更新的意思是：這樣一次次的權力關係調整積累下來，會導致國家權力結構的根本性變化。法統延續的意思是：所有這些調整應當是通過現有的立法程式實現。團隊的行動戰略可以四個要素構成：生長點；專業領軍團隊；一體兩翼的政治影響方式；思想生產線。生長點是任何獨立的團隊都要財務和辦公條件等硬體設施要獨立完備，足以支持團隊的項目和行動。專業領軍團隊就是要在國家變革和發展中的重要領域打造有影響的專業團隊積極活動。一體兩翼的政治影響方式中一體，就是我們的專業團隊作為支點，一方面影響權威部門的想法和政策，另一方面影響民間力量。思想生產線是對公眾傳播資訊和進行政治知識教育：要有頭腦風暴式的沙龍開發思想、資訊產品；要有專業人員將這些思想製作成可以各種媒體傳播的產品；要有傳播產品的管道，這些管道要針對不同話題、觀點、產品形式和傳播受眾特點選擇適當的管道。

顯然這是一條保守主義的改革道路。其實，這不是我一個人的選擇，是一代人做出的選擇。汪暉在他的著名文章中提及八〇年代知識界的中國改革共識時，強調這是自由主義的取向。但是，他沒有提及這種自由主義不是顛覆現有制度的革命思路，而是進步主義的朝野共識的思路。一九八九年六四鎮壓分化了知識界。汪暉討論許多知識人開始對經典自由主義的改革取向持謹慎批判態度；這些人更關注社會正義，而政治改革也要放到社會正義的標準中評判。而許多徹底的自由民主派的主流選擇道路時轉向革命。我們團隊的進步主義的道路試圖綜合二者，打造中國政治發展新共識。但是，就在我完成給子明的思想總結後不久，我就在現實觀察和理論思考的基礎上，改變了想法。我覺得，革命、改良不是理解我轉向的合適術語；我更願意以進步主義者轉向職業革命家來形容我的轉變。

第五章　結束腐敗暴政爲宗旨的職業革命家

就在我完成從毛澤東狂熱信徒到進步主義民間運動改革者的思想歷程的總結不久，我的思想開始一個重大轉向。就理念而言，我仍然篤信憲政民主是中國出路，但在中國如何實現憲政民主的轉型的道路上有重大變化，我由進步主義的道路轉向革命性變革的道路。

基於此，我的自我角色定位也轉向職業革命家。

第一節思想轉向

在一個很長時間中，中國民運乃至改革者中間有重大爭論話題：中國的政治改革究竟應該是革命還是「改良」？主張革命的人有兩個看法：第一，統治集團出於意識形態的僵化和利益不可能接受自由民主的理念；第二，即使他們接受理念，願意進行憲政民主改革，但從轉型正義的角度看，他們在奪取政權的血腥過程中和執政時造成的罪惡是原罪使得他們罪不容恕。主張改良的人則也有兩個針鋒相對的理由。第一，只有和平漸進的改革進程才能減少轉型的代價。英式妥協漸進模式是他們的理想。第二，暴力革命只能催生一個新的獨裁暴力政權，難產一個和平理性的法治政府；在政治史上，那些靠暴力奪取政權的人鮮有和平還權於民的，大都將最初起事的手段當作成功後的目的。和平理性非暴力應當是絕對原則。改良派還有一個很實際的說法：現在不是冷兵器時代，民間運動不可能暴力打敗掌控恐怖武裝的執政者；民眾出於常識良知也不會選擇革命給個人帶來的代價。關於改良一詞來自革命派。而所謂「改良派」並不是那種對政體修補的中共內部改革派，而是和平理性非暴力途徑實現政治轉型的民運人士和民間活動家。他們主張通過漸進改革方式，結束專制暴政，建立憲政民主。他們與革命派的分歧是轉型道路和民間運動行動策略，而不是目標和理念；如果有理念差異，那也是他們懷疑暴力，認定暴力與暴政是一類反民主的。目前被稱作「和理非派」。我的進步主義的改革思路應該是和理非派。但我從不在革命、改良這樣簡單的理論背景中定義或者理解我的進步主義主張，而是主張在宏達的社會轉型和現代發展中建立自己的政治敘事；政治改革是一個社會力量相互作用、滾動學習的過程。和平理性非暴力應該是政治文明化的基本原則；當然也應該是實現民主化的手段的基本原則。

我的思想轉化有三條線索：現實觀察、政治實踐探索與理論探索。

現實觀察使得我發現，由於中共在一九八九年鎮壓後的厲行暴力維穩，中國並不在和平開放轉型的國家政體演變軌道上。一九八九年六四屠殺，中共徹底採納鄧小平的發展理念，這就是為促進經濟發展，一方面要改革開放，另一方面要高壓維穩，將一切所謂動亂苗頭扼殺在萌芽狀態。由於有促進經濟發展的改革開放喚起人們對和平演變的期待，高壓維穩這一方面最初被世人忽略了。然而，中共在一九八九年六四開槍後，徹底解脫了靠赤裸裸的暴力維持統治的所有顧忌。為開放實施的改革使中國加入全球資本主義體系，中國確實有高速發展。然而，在這樣的發展中，少數權貴壟斷發展的果實和機會，多數大眾承擔發展的苦果和代價。為了高速發展，使用暴力清除所有阻礙發展規劃實施的抵抗，容許腐敗的圈錢交易以及荒淫無度的生活。由於經濟發展產生了巨額紅利，中共腐敗權貴集團可以建立一個政治精英、經濟精英和文化精英結合的鐵三角同盟，對大眾高壓維穩。政治精英使用暴力，經濟精英輸送利益，而分得一杯羹的文化精英在政府資助的研究機構和教育機構以及經濟精英打造的大眾媒體平臺上炮製各種理論和傳播各種偽科學說法，實際上是維持腐敗暴政。這是康曉光先生在二十一世紀初解釋中國八九後高速發展保持政治穩定的現實機制。在這樣的機制中，不會有民主取向的政治改革。因為這樣的改革會削弱統治者所謂的保持高速發展的執行力。所有的改革似乎是為促進發展但也都是對大眾的進一步劫掠。暴力維持統治在兩個方面使得執政越發依賴更加血腥蠻橫的暴力。一方面政府嘗到暴力的立竿見影的效力，越來越沒有耐心講理，越來越多地使用暴力。另一方面，暴力造成的惡果不再可能通過講理維繫，只能依靠暴力來掩蓋問題和壓制反抗；暴力維持的統治要不斷升級暴力才能維持。絕對的權力產生絕對的腐敗。為發展解除一切禁忌的改革加上暴力壓制不滿和批評，使得腐敗迅速蔓延。在二十世紀最後十年，腐敗由個人腐敗到團夥腐敗，再到制度性腐敗，直到文化腐敗。到二十世紀末，腐敗已經是成為中國大陸的風俗習慣；治理腐敗要移風易俗才行。儘管掌控政治、經濟和知識文化權力的政府以暴力似乎有效地維護了政治穩定，但大眾決不甘心忍受這樣的腐敗暴政。各種反抗風起雲湧，層出不窮。反抗強拆，拒絕征地，環保運動，追究毒食品責任，不僅導致每年數十萬起群體事件，而且早就成千上萬的職業活動家的訪民群體。中國政府的暴虐無道，產生現實環境讓中國民眾懷疑和平理性非暴力的可行性。在一次次挫折面前，和平理性非暴力不僅對於民眾亟需解決的問題深感無奈，而且很像可笑地被政府戲耍。民眾日益堅信只有暴力才能解決中國問題。暴政必須暴力推翻！從電影《秋菊打官司》流行，到楊佳襲警得到公眾熱烈擁護，生動地解釋了這一公眾心態的轉變。一九九二年，張藝謀執導、鞏俐主演的這部影片講述一個農民婦女不甘心不公正對待，訴諸法律反抗村幹部。結果村幹部被法辦，而這一結果之公正甚至讓秋菊感到太殘酷。這部影片風靡中國，反映了人們對執政者實施法治保障社會正義的渴盼和期待。其中也不能不說有一份信任。一時間，秋菊「我要討個說法」成為名言，鼓舞成千上萬的中國人開始信訪和訴訟。但是，這樣的渴盼、期待和信任遭遇暴政血型無情的碾壓，到二十一世紀蕩然無存。二〇〇八年七月一日，北京青年在受到侮辱上訪無果的情況下，手刃上海員警，造成六死五傷。民眾一片叫好。楊佳「你不給我說法，我就給你一個說法」深得民心。楊佳形象地注釋秋菊要依法要說法沒用，必須自己以暴制暴才能給暴政一個說法。中國公民暴力反抗無數次擊潰員警，甚至在吉林通鋼和湖北石首兩次擊潰武警。在如此一個朝野只相信暴力的社會中，和平開放轉型註定無法實現。現實觀察的結論是：在腐敗暴政統治下，中國不可能走上和平開放轉型的道路，朝野都不接受這樣的政治改革方式。

我是在漢源事件發生時，開始意識到這一點的。二〇〇四年十月，四川漢源市爆發大規模群體事件。十余萬民眾抗議政府[1]強迫搬遷的政策，激憤的民眾一度挾持前來做工作的黨政官員。我即時撰文解讀這一事件的意義，揭示出中國朝野進入惡行衝突格局。如果不能當局不能正視問題，化解暴力維穩強壓的問題和激起的民憤，那麼中國早晚會出現大規模民間暴動結束暴政。

中共在一九八九年六四屠殺後對民運的封殺以及後來逐步對民間運動的打壓，使得民運乃至可以成氣候的民間運動都沒有空間。我先是通過自己的感受，然後觀察到所有民間運動的命運，得出結論：如果沿著和平理性非暴力策略一直與腐敗暴政當局博弈，無異於送死和協助維穩；不僅無法改變中國，而且隨著一批批志士仁人入獄被迫害，中國的真實變革的機遇會被錯過，轉型的希望成為泡沫。

如前所述，即使發生一九八九年六四的屠殺，我和我的團隊還是希望中國和平開放轉型，我們仍然採取和平理性非暴力的行動策略推動中國朝野變化。我在一九九一年二月十二日被判刑十三年後給律師寫了一封信，表達這一期許。出國後，我們團隊的佈局也都是向著這個方向努力完善自己並創造條件。然而，中共當局並不是一個文明的政府。他們不是依照行動方式的合法性決定做鎮壓決策，也不是根據這些力量的當下的作用而決定是否鎮壓，而是根據這些力量在中國的潛在影響力，當中國出現威脅中共執政危機時這些力量可能的行動和作用，而決定是否鎮壓。用中共的話說，要將所有事故的苗頭扼殺在萌芽中。儘管我們的活動都是專業活動，我們的政治表達都是專業方式並符合中國時下法律，中共還是對我們一再實施打擊。就在憲政協進會的諸項工作進展順利時，大陸開始動手。二〇〇四年五月二十七日，從《環球時報》頭版整版報導我服務於臺灣情治部門收錢支持台獨。大陸主要門戶網站和媒體都在顯著位置迅速轉載該文。此後，中央電視臺等媒體數次從不同角度對我們進行抹黑。在各種海外網站、論壇和通訊群組中的誹謗和攻擊就更不計其數。最初，我以為是誤解。我通過正式管道向當局提出：我們可以當面澄清，時間、地點和方式由他們定。然而，他們不但不理睬，而且繼續讓更多的網站轉載。我意識到這是蓄意惡搞，解釋沒用。五月底，我聲明：我願意回國接受查處並開始準備。大陸擔心我在六四「十五周年」前闖關，一夜間讓各大網站下架。胡錦濤訪美前，我提出要襲擊胡錦濤的車，大陸有關方面提出討論解決方案，承諾今後不再惡搞。這類事件連續發生後，我明白了，當局不會讓我以任何方式建立公眾影響力。他們有足夠資源挫敗我建立專業領域影響力中心的努力。

如果僅僅是因為我們已經被標籤為顛覆國家政權的力量而被打壓，那麼其他在現有制度架構建立、活動和發展的組織應當還可以推動中國變革。我們團隊可以在底下運作，支持他們的工作。只要中國和平開放轉型，只要中國進步，誰出面都行。我們就在海外做公開反對派。反正我們個人還有足夠的專業事業發展空間作為安身立命的基礎。但是，隨著中共暴力維穩嘗到甜頭，他們越來越依賴暴力維穩，維穩機制不斷升級、深化和擴展。在江澤民執政時期，當局還是給民間運動甚至民運一定活動空間。打壓主要是遏制發展。究其原因，這固然是為爭取改善六四屠殺導致的國際環境惡化。另一方面，江澤民特別是曾慶紅曾打算開始政治改革。曾慶紅甚至動過念頭製造一個御用民運。從鎮壓民主黨和法輪功開始，江澤民走上嚴控民運的道路，但還給在現有制度架構中從事某些建設性活動的民間組織活動空間。中共認為，這些組織在引進國外知識、經驗和技術及資金解決中國問題方面有積極作用。二十一世紀初，前蘇聯境內一批國家發生顏色革命。據說，這些平常工作都是非政治的組織在動員和組織民眾時起了重要作用。俄羅斯決定打壓其地緣政治勢力範圍內的這類組織。為避免國際討伐導致孤立和制裁，他們派代表到北京遊說中國政府一道行動。他們提供案例和分析促使北京政權鎮壓這些與國際社會接軌的非政府組織。中國政府開始嚴密監視、管制和打壓這些與境外有合作的民間組織。胡錦濤主政後，開始修正經濟建設壓倒一切的執政理念，強調制度建設。孫志剛案件開始了轟轟烈烈的中國維權運動。維權律師與中國早就存在的訪民以及記者結合國外媒體、自媒體，對中國地方腐敗暴政進行揭露和鬥爭。最初，他們的努力得到高層的默許和利用。但隨著維權運動觸及中共嚴厲鎮壓的力量，中共開始對維權運動不寬容。二十一世紀第一個十年中，中國經濟在世界排名迅速躥升到第二位，給了中共極大信心不再理睬國際社會的看法而我行我素。二〇〇八年奧運會的輝煌成功，中共自信也達到頂點。除美國外，國際社會其他國家都懼怕中共。而在人權問題上，美國也日漸畏縮不前。驕橫的中共當局對待民間力量越來越殘暴。家庭教會、非政府組織、調查記者、維權律師、訪民、知識份子、藝術家、少數民族、網站、網路大V、民營企業家，都先後被列入被打壓範圍。這些在六四屠殺後才出現、二〇世紀九十年代獲得發展的力量，曾刻意與我們保持距離。這不僅是避免受我們牽連而影響自身生存和發展機會空間，而且是因為不贊成我們的政見甚至敵視我們被汙名化後的政治形象。今天，這些力量的領軍人物紛紛踏上監獄和流亡的道路。顯然，中共不允許任何他們直接控制之外的獨立力量進行有成效的活動，即使是非政治的活動也不行。

我們這些在八〇年代的中共後極權體制中摸索民運活動空間的人，早就知道中國員警消滅民運力量的三條高壓紅線：正式成立組織、與境外勢力來往和跨地區協同行動。如果民運人士觸犯這三條紅線，早晚會有滅頂之災。當九二年南巡講話後中國加入全球化進城以謀求高速發展，為政權提供一個新的執政正當性彌補六四屠殺瓦解的非功利的執政正當性，我們曾預期，全球化、市場化和資訊化中的中共必須容納專業人士促進自由法制社會取向的創制活動。進入這樣的活動獲得重要影響力，然引領業界活動，是我們團隊戰略定位和活動的基本目標。現在，中共將打壓民運的手法全面應用到管控所有獨立民間力量上。顯然，我們依照既定的專業活動的戰略無法再推動中國變革了。我們在二十一世紀最初十年中國內和海外都被急遽邊緣化。

進入二十一世紀後，中共在利用高科技實施政治管控方面取得巨大進展。先是建構長城防火牆將中外網路隔離，後來又搞綠壩在每個中國的通訊裝置上都安裝監控設施。再以後又開發各種監聽、監視和跟蹤技術，做到能全方位、無死角地看死每個公民，並切實對每個異議人士都實施即時監控。這些曾經被認為會說明異議人士的資訊技術現在成為政府對付異議人士的有效武器。在硬體技術基礎上，中共發展新的組織手段，建立網格化管理系統；通過街道層級專職人員參與管理，對所有公民實施監控。後來又開發新的軟體叫社會信用評價系統。根據這個大資料公民資料系統進行雲計算後，中共可以對每個公民制定管理標準。一旦有不測事件發生，可以預先對各種公民有針對性地採取動作，確保不出事。同時中共還花錢組織各色閒雜人員成立維穩大軍，這些自稱朝陽群眾、西城大媽、海澱網友和豐台勸導隊的雇用人員，線上上傳播謠言、抹黑異議人士、誤導公眾理解，線上下舉報和監控對政府不滿的人和事。他們不僅有大學生、街道大媽，還有正在服刑的刑事犯。索羅斯曾說，中共利用高科技資訊技術建立一個數碼極權主義社會。實際上，如果考慮到線下群眾的人民戰爭，數碼極權主義概念遠不足以評估中共維穩監控系統的機制和效能。

和平理性合法推動中國政治體制變革的民間途徑被堵死，與中國無法進行和平開放轉型是同一個事件，前者是微觀層面的行動者的感受而後者是宏觀層面的國家體制變化。此時，結論很明顯，要麼政治博弈中出局，要麼就要調整原有的進步主義思路理解國家變革和個人政治行動策略的選擇。在走出過去的束縛時，我在哥倫比亞大學的政治學訓練和在網路公共空間的討論起了重要作用。

我最初讀書，是為回國重續政治活動做準備。當初出國，並沒有被「流放」的思想準備。因為此前中共既沒有流放本國政治犯的先例，中共法律也沒有流放的條文；根據中國法律，流放是違法的。在我意識到自己被流放不許回國後，最初想在華盛頓為國內做些輔助性工作，主要是外交遊說、尋找資源和合作夥伴、以及提供資訊包括理論出版物。我的正式職業和主要精力放到讀書上。我想回國後再將主要精力投入政治運動。最初選擇去哈佛大學甘迺迪政府學院讀公共管理碩士是為理解現代政府管理，特別是國家轉型初期面臨的各種問題以及應對方案。那時，我還認為，中國八〇年代轉型進程被打斷是因為鄧小平這個強人存在，他有意志和能力調動軍隊鎮壓大規模政治風潮。鄧小平死後，中國會重續民主化進程。看到蘇東轉型中因為對突如其來的各種問題沒有思想準備和經驗而遭受的痛苦，我們中國人應當對轉型釋放出的舊體制壓制的問題和轉型產生的特定問題有預想、預研、預判和預案。一九九六-九七年這一年讀書，為我建立了理解美國政治和政策研究的架構，對一些基本爭論問題有了初步感受。許多知識和資訊在後來才逐步消化，持續影響我的政治思考。一九九七年，鄧小平病逝。中國並沒有如期重續政治改革進程，更沒有發生預期的灰色民主化。既然我沒有回國從政的機會，而且又必須理解為什麼中國沒有出現轉型機遇，我決定繼續讀書。哥倫比亞大學黎安友教授研究中國民主化，對我比較瞭解。他曾在一九八三年就希望我去他那兒讀學位，此次終於成行。我在哥倫比亞大學主修比較政治學，主攻方向是政治轉型。美國社會科學不像中國學者對問題的理解基於想像式的演繹，更不是自說自話的敘事，而是基於經驗分析甚至定量分析的研究。在修完基本課程後，我對美國政治轉型研究的理論、方法和經典案例有了初步瞭解。我最初的博士論文選題是民國時期各省政治治理比較研究。辛亥革命後，中國事實上進入分裂。全國出現一批大小不一的地方割據政權。對於這些相對獨立的區域治理進行比較分析，可以幫助我們解決中國知識界和精英中官員關於中國轉型的爭論問題，通常被人們視為決定轉型的宏觀因素諸如經濟、社會、文化和政治穩定，對治理和民主化取向的影響方向和程度。鎮壓法輪功開始後，黎安友希望我能研究中國民間思想狀況。我決定將博士論文課題轉向中國大陸政治上新保守主義，以此作為線索理解中共政權得以維持的思想依據。在哥大畢業後，我到紐西蘭坎特伯雷大學加盟Anne-MarieBrady教授主持的中共宣傳系統的研究。這個系統其實是中共控制思想的機制。我從這個項目入手，是想瞭解在一九八九年六四屠殺後，中共如何重建一個有效的思想控制機制。我的主要目的是理解在全球化、市場化和資訊化的時代中共如何更新統治機器。作為既從事民間運動實踐、又鑽研學術理論的人，我深知學院派的學習和教育並不是民運活動成敗的關鍵因素。然而，轉型研究確實解答了我心中長期糾結的許多問題。而這些問題仍然困擾中國知識界和民間運動活動家。

參與網路爭論讓我能夠保持思想中的問題接地氣。我剛出國就與旅美媒體人何頻建立合作關係。我們在中國大陸時，他就接觸並欣賞我們的事業。我也理解和欣賞他的時政媒體的想法。因此，我所主持的團隊的研討和出版活動基本上都是在他的平臺上進行。二

○○○年左右，他開始在多維網開設大家論壇。在那裡我註冊博客，與網友在許多熱點話題上展開理性辯論。大家論壇有一批網友大都受過良好教育，深切關注中國發展，具有正常人在正常社會的良知和對不同觀點的善意，對中國和美國的社會和制定有一定的知識和經驗，討論問題推崇理性和保持理性思維的標準。我與他們辯論的話題：包括如何看待中國的發展、一九八九年民主運動和六四鎮壓的是非、政體變革的條件、路經和動力機制、中國轉型前景、中共治理的成就和問題、民主國家的問題等等。這些爭論使得我有機會應用我學到的知識並在應用這些知識進行爭論時消化這些知識。

- 通過專業研讀和網路討論，到二○○七年底我離開紐西蘭回到美國時，我已經逼近下述結論：國家政體維護和變化都是各種政治力量博弈的結果，而不是被宏觀條件決定，宏觀條件只是影響因素；
- 在微觀博弈中，最重要的是當事者的參與意志、視野和行動策略；
- 行動比理解更重要，活動家比學者更有決定性意義；
- 在堵死和平變革道路的威權或極權政體中，革命是政體轉型的道路；暴力與非暴力都是行動策略選項。
- 在統治者厲行封殺所有理性和非暴力的合法行動空間時，革命就是反抗的必須選項。

我應該儘快重返推動中國進步的實踐。中國政府禁止我回國的政策被確認，使得我在二〇〇七年一〇月底回到美國不再返回學術研究，而是重做職業活動家。

第二節　參與中國民主黨

我出國後曾與當局交涉回國問題。他們許諾，我刑滿後可以回國。在一九九九年還為我延續護照有效期到二〇〇四年。然而，二〇〇四年開始，當局一方面對我汙名化攻擊，另一方面明確告訴我不能回國。二〇〇六年，我在紐西蘭教書時，潘晴、陳維健、陳維明等邀請我參加澳紐地區民運。二〇〇七年，我回到紐約重組紐約地區的民運。在大約三年中，先後探索了中國民主論壇（紐約）等活動架構，我最後定位在中國民主黨。自我參加中國民主運動以來，我就知道，元件現代政黨是必須做的一項工作。在中共洗腦教育中，中國共產黨的成立是所謂中國革命走向新階段的標誌；沒有共產黨就沒有新中國形象地說明組黨與建國的關係。不過，那時心中的政黨不是憲政政體中的現代政黨，而是革命黨，是一個地下活動的革命組織。八〇年代，我接受進步主義的改革思路後，放棄了革命的念頭，但是現代化進程就是國家建立現代制度為各領域的現代組織提供運營平臺的知識，使得我沒有放棄建立政黨組織政治活動的想法。在我和子明在建立龐大的產學一體化的托拉斯式的民間活動團隊後，我們曾考慮建立準政黨的機制控制和管理這個托拉斯。因為這個托拉斯中各個企業法律上並沒有什麼直接關係，而是靠人脈維繫著潛規則來領導、協調和管理這些法律上獨立或分屬其他黨政機構的企業。我們需要一個超越這些組織之上的團隊承擔政治領導使命。一九八九年五月初，團隊在香山舉行重要會議，決定建立北京社會經濟科學研究基金會，承擔這一使命。各獨立運行機構的領導和骨幹都是基金會成員。我們明確說，這個基金會就是一個隱身於基金會機制中的政黨。儘管有這種准政黨或地下政黨的嘗試，我們一直感覺建立正式成立一個現代政黨的條件不成熟。主要原因有兩條：第一，現代政黨是憲政民主架構中的政黨，其政治目標、活動形式、遵循規範和社會基礎都是憲政民主制度設施為前提條件；在一個專制政體中成立一個謀求結束專制政體的政黨，其安全需要的秘密性使得它不可能遵循現代政黨的規則，這樣的政黨徒有政黨其名，並無現代政黨之實，還是一個地下政治組織。第二，在專制體制明確打壓任何政治組織的情況下成立反對黨，會招致團隊建設事業的滅頂之災。如果組黨行動引起一定的國內外關注，還會導致當局收緊自由空間，重拳打壓整個民間運動。出國後，我的政治環境已經是憲政民主制度，對組黨的看法開始變化。簡單地說，專制政體轉型到憲政民主面臨的一個巨大挑戰就是缺乏成熟的憲政民主政黨運作這個制度，這會導致制度缺位引發公共管理災難，進而導致公眾懷疑憲政民主制度是否是明智的選擇；因此，在建立憲政民主政體之前就成立一個這樣的黨，至少有訓練和教育意義；而且，一個到時候能擔當使命的黨應該是被公眾廣泛接受的黨，必須要有一個時期經營品牌。一九九八年，當王有才、徐文立和秦永敏等開始組建中國民主黨運動時，我心動了。這是第一次在全國範圍內形成動員力的公開組建現代政黨，而不是一個傳統的秘密運作的革命黨。我在紐約召集一批人考慮參與推動中國民主黨組黨運動。為此，我們在陳軍家舉行了專門會議。然而，在與子明等國內朋友溝通後，我意識到，除非我放棄國內原有的政治積累，否則我不能公開捲入這場組黨活動。自一九七六年第一次坐牢以來，由於長期在政治活動和專業活動的前沿做開拓公眾，我在官產學三界都積累一定的人脈和人望。來到海外我最尷尬的角兒定位困境就是海外卓有成效的活動需要的公開性和鮮明性，與保持國內合作和聯繫所需要的低調隱蔽性的矛盾。我出國後，國內的朋友一直叮囑我要保持本土奮鬥同仁的安全和行為規範的感受。我只好通過與王希哲交流並通過他支援中國民主黨事業。一九九八年中共對中國民主黨鎮壓後，我放棄了參與這一運動的念頭。二〇〇九年，劉國凱先生設宴邀請當年民主牆時期的老兵紀念民主牆運動。宋書元、付申奇和劉念春，後來又找了熊焱和陳立群，一道決定在中國民主黨的旗幟下，續寫中國民主運動新篇章。二〇〇九年九月十五日，他們正式成立聯絡組，正式邀請我做顧問。至此，我開始正式參與中國民主黨事業。

在心思轉向中國民主黨後，我迅速形成新的建黨理由。這些理由構成我主持的中國民主黨的發展方向。總結以往中國民間運動失敗的教訓，重大缺失是純粹精英化。在一個極權體制中，反抗運動大都是純精英活動，只有精英具有憂患意識和真理情節，在嚴密的洗腦教育和宣傳環境中產生獨立的思想並通過文字和故事存留、傳播於世；能成氣候的反對運動都是思想和言論的異議運動。草根層面的反抗即使有也是孤零零惡性事件，不被視作異議運動中的一部分。中國在改革開放後逐步鬆動的活動空間為專業精英活動提供了新的空間，但對工農層面的反抗事件鎮壓非常嚴厲。一九八九年鎮壓到習近平上臺這段時間中，執政黨對民間運動的態度發生變化。一方面事實上允許專業力量在現存制度中進行一些開創性活動協助執政者解決一些新出現的頭疼問題，另一方面被迫開放抗爭給草根民眾，因為實施快速發展戰略進行的結構性改革，打碎原有的社會保障和救濟機制，使得統治者面對失去生存底線的不滿的民眾的抗議自覺理虧，不能下手徹底鎮壓民眾反抗，只是採取必要維穩措施控制事態。二十世紀最後幾年的大規模工潮和二十一世紀方興未艾的抗爭地拆遷，導致中國每年出現數十萬起群體事件。這些事件和捲入的民眾本是中國民主運動的新來源。而且，根據於建嶸的研究，其中能持續數年的民間反抗運動早就不再是突發事件，而是形成領導核心和工作關係網絡的准社會運動。然而，中國民間運動依舊保持精英運動的格調和思想高度，使得精英漠視這些機遇。精英格調品味和思想高度，使得民運注重表達和境外影響，即使有些實際草根參與，也不是真正的全身心投入去追求戰略層面的系統規模的效果，而是演練幾個儀式化的觀賞案例和公共空間中的轟動效應。在我完成對中國轉型動力機制的新的理解後，轉向草根層面幾乎是必然選擇。在極權體制中精英運動的最大問題是，對於現存制度的依賴。即使最自由主義的思想和行動，也要部分利用目前的體制架構。如果統治者決心控制和壓制這些精英，只要封殺他們在這些制度中的空間，就可以控制運動，使其在社會生活和政治博弈中邊緣化。草根運動則是制度控制薄弱的基層。他們是共產黨腐敗暴政的最大受害者，使得他們一旦擺脫共產黨的思想禁錮，出於自己的利益很容易接受推翻暴政的理念，他們沒有精英瞻前顧後的思想顧慮，更易於接受革命的看法。中國民主黨作為大眾型政黨，就是要在草更層面發展隊伍。不求虛名，不看重媒體效應，而是要打造一支行動取向的隊伍。

中國民主黨還解決了一個問題，就是資源來源。中國民主運動一直是義工隊伍，個人沒有固定收入，三天打魚兩天曬網。所有項目都只能靠外界支持。這些支持者的眼界盯在虛名效應的項目上，當專案無法滿足目標時，就撤銷支援。中國民主黨在草根中發展，可以依靠黨費解決辦公條件和日常借活動的經常性支出，做到真正的自給自足。我在進步主義的一章中已經介紹過我們在國內的活動經驗，要想建立一支能在實踐中推動時局變化的團隊，必須要有一個事業的「生長點」；這個生長點是有獨立的財務來源，有足夠的辦公條件，有完成任務的工作隊伍，有獨特的活動形式。中國民主黨就是一個這樣的生長點。以此，我可以按照自己的判斷，制定行動計畫，參與政治變革，而不必聽命他人，或看他人眼色行事。

對於我個人的素質提升，中國民主黨還有一個實際的功用，讓我保持對中共國情的瞭解和把握。許多人問我一個問題：我離開中國這麼長時間，怎麼還能理解和知道中國的情況？如果不能把握中國，怎樣制定和實施改造一個有效改變中國的行動計畫？中國民主黨在海外的發展和吸納來自大陸的成員，為我保持與大陸接觸提供機會。從改造一個國家的角度看，最有效的把握中國是把握要改變中國的國人的人心；理解這樣的人心成因和活動特點，能將這樣的人心調動起來，是理解中國變化的動因的關鍵。作為專業學者，我可以從公開信息和專業研討中理性把握國家的發展條件，中國民主黨為我提供把握微觀層面行動者的心理資訊的途徑。

我是二〇〇九年十一月十五日被中國民主黨全國委員會籌備組選為顧問。二〇一〇年四月三日，在中國民主黨第一屆特別全國代表大會上當選為全國委員會共同主席。二〇一四年十二月十三日，在中國民主黨第二屆特別代表大會上當選為全國委員會主席。

二〇〇九年紐約發起的組建中國民主黨運動的目的是打造最大的中共反對黨，既要建立一個引領中國變革的中堅力量，又要發起一個新的民主運動高潮。我的注意力主要放在前者。我為此擬定的階段性目標是：

- 在中國民主轉型前，中國民主黨要與中國共產黨打擂臺。哪裡中國共產黨有缺失、錯誤和罪行，那裡就要有中國民主黨負責任的批評和建設性替代方案；哪裡有中國人對中國共產黨不滿，那裡就要有中國民主黨人傾聽他們的聲音、將他們納入結束一黨專制的政治合作中。中國民主黨通過各種方式動員、勸說、支援、協調各界力量，發動大規模政治風潮的和平革命，啟動政治轉型。
- 在中國民主轉型啟動後，中國民主黨將與各界良性互動、合作和競爭，為中國轉型建立體現普世價值並且現實可行的憲政民主制度架構。
- 在中國民主轉型後，中國民主黨將與其他黨派合法公平競爭，爭取成為執政黨，以實現政黨間和平交接政權，鞏固憲政民主體制。

總之，在二十一世紀的第一個十年結束時，我完成新的思想轉變。由一個主張中國走進步主義和平理性非暴力的專業領域的社會活動家，轉向推動中國通過革命實現政治轉型的職業革命家。自二〇一〇年開始，我幾乎把全部精力投入到中國民主黨的事業中。在本書的第二部分，我介紹基於人類政治轉型的經驗和智慧，我對中國政治轉型及我個人定位的基本思考。

下篇

中國憲政民主轉型

從人類民主轉型的經驗和智慧入手，探討中國民主化的經驗、困境、出路和當下機遇，然後確定民間轉型推手的戰略定位和行動策略，是中國民主轉型的基本思路結構。

第六章　人類民主轉型的經驗和智慧

討論民主化必須首先理解人類有關民主和民主化的經驗和智慧。理由有四。第一，中國民主化不是本土發展的產物，而是全球化進程中受他國影響的結果。其間有許多誤區。只有返本朔源，才能理解民主和民主化。第二，儘管人類民主化是現代化的一部分。但民主的發源地西方形成民主是啟蒙的結果。而中國的民主化是中國的現代化的手段。中國的現代化是致力於中華民族復興的一代代志士仁人的理想。中國人接受民主理念不像西方憲政民主的發源地西方諸民族，他們通過啟蒙途徑意識到民主的價值和意義，而是在追求現代化過程中作為現代化的必要手段而接受的。這是至今中國精英在理解民主和民主化時的許多誤區的根源之一。比照人類民主化中的困境及思考，才能理解中國的誤區。第三，破解中國精英廣泛存在的誤區，也需要比照世界其他國家的民主化經驗，這些經驗都是他們當時面臨的困境，他們的失敗和成功都對中國有參照意義。最後，中國民主化與其他國家命運不同，是中國有獨特的國情，對獨特國情及對政治體制演變的影響，是探討解決中國民主化的途徑。而理解這種獨特困境，也需要首先理解人類其他國家特別是民主發源地的民主化條件和進程。

在討論中國民主化問題之前，我們需要理解民主化政治轉型的一般理論。我在此討論四個問題：民主化的思路演變進程；民主化的動力機制；民主化的一般進程；民主化的關鍵。

第一節　人類民主轉型的智慧

人類理解政治轉型的智慧體現在政治轉型理論中。根據我們討論的中國情境，民主轉型發生的條件是什麼：為什麼一些國家變成民主的？而另一些國家沒有或者失敗了？是什麼導致一個國家的民主化？人類對於民主轉型的條件的理解發展可大致區分為四個階段。

第一階段是啟蒙思想階段。按照今天學界討論的成果，啟蒙時代是一個思想和文化內容很豐富的時代。我這裡說的啟蒙學者並不是歷史上的啟蒙學者，而是啟蒙思想的一般範式。啟蒙學者認為，人類進步是一個由野蠻走向文明的過程。而決定人類走向文明的是擺脫愚昧接受知識。當人們認識到文明的知識後，就會修改傳統陋習，接受文明的生活方式。因此，人類實現進步的主要途徑是傳播知識的教育，啟迪和開發人的心智。至於人類為什麼會接受文明知識，啟蒙學者一般從人性和科學的角度闡釋。按照啟蒙學者的觀點，人類之所以沒有建立民主社會，是因為愚昧，不知道民主社會為何物；只要人類通過教育和傳播接觸到民主的知識，就會歡迎並實施民主。因此，建立民主社會的主要途徑是教育開民智和傳播有關良好社會和民主的知識。有些諷刺意味的是，啟蒙學者將傳播民主社會的知識的任務要求開明專制的賢君聖王擔任。

對啟蒙信念的最早挑戰來自馬克思主義。馬克思主義認為，政治制度作為上層建築是生產關係構成的經濟基礎決定的；人們的社會存在決定人們的社會意識；那些舊社會的既得利益者會抵抗民主知識和民主取向的政治制度變革。民主的知識和覺悟及追求採納民主的政治信仰都不僅僅是啟蒙的結果，而是生產力的發展導致生產關係的改變然後建構新的經濟基礎，為思想觀念的變化提供社會存在的基礎。而建立民主社會甚至傳播民主知識都要通過新生生產關係的階層克服舊的生產關係中支配地位的階級額抵抗來實現；也就是說，啟蒙不是一個簡單的知識傳播的理性過程，而是通過階級鬥爭實現的；啟蒙不過是這種的鬥爭的一個組成部分。

馬克思有關階級鬥爭的著述來自法國研究革命的歷史學者，並沒有對學界產生根本性挑戰。真正的啟蒙思路的解釋危機來自德國和日本等國家的政治實踐。德國和日本在十九世紀都開始進行憲政和有限民主的改革；改革是開明專制主導的自上而下的改革，開明專制君主都很重視教育對開啟民智的作用。這似乎印證啟蒙學者的觀點。然而，在二〇世紀，這兩個國家的憲政民主都被顛覆了。政治史學者對德日的政治改革的逆向提出許多解釋，但有一點不容否認，這就是人們的認知可以被現實需要故意顛覆和逆轉；而不像啟蒙思路預測的那樣具有不可逆性。

第二次世界大戰後，解釋德國和日本的憲政民主演進逆轉現象，雖然著眼於德日的特殊國情，但這種特殊國情是在與其他國家的比較分析中呈現的。很快科學主義在社會和政治研究中的應用，在更廣泛的比較分析的範圍中，成為民主轉型研究的主流。這是第二代轉型研究。簡單地說，科學主義的研究是系統的比較研究，試圖在引數和因變數之間建立某種有待驗證的假設關聯，然後通過多國提供的經驗資料對各種引數和因變數進行回歸分析，試圖找出哪些引數對因變數的變化有決定性影響。具體到轉型研究，將某些政治、經濟、社會、文化、歷史和國際等宏觀因素當作引數，而政體轉型當作因變數，研究者通過回歸分析系統地比較各引數在因變數變化中的作用。科學主義也許不是全面的國別之間的比較，例如Robert Putnam的有關社會資本的經典研究，就是對南北義大利的比較研究。

這些研究的成果極為豐富，至今構成轉型研究的多數經典案例。

科學分析在比較政治轉型中的著名案例主要側重在經濟社會發展或者文化對政體轉型的影響。李普塞特的《政治人》一書為經濟社會決定論提供影響久遠的支援性分析。在該書第二章中，李普塞特以經驗資料證明，經濟社會發展有力地解釋了民主政體的存續。這種觀點可以歸為經濟社會決定論。而文化的研究則以Gabriel A. Almond的《公民文化》為代表作。根據他對美國、英國、德國、義大利和墨西哥的比較研究得出結論，那些運行穩定的較好的民主政體中的公民，公民文化較那些民主政體不能穩定高質運行的民主政體中的公民，有更多的被他稱之為「公民文化」的東西。在最初解釋德國和日本法西斯顛覆憲政民主政體時，有學者提出權威崇尚的國民性作為解釋因素，也可以歸為文化決定論。RobertPutnam提出的社會資本概念，被某些人視為對經濟決定論和文化決定論之間孰優孰劣的一個判例研究。他在比較南北義大利的千年發展後得出結論，這種被稱為社會資本的因素，不僅可以解釋更好的政體運行，而且可以解釋經濟發展的差異。有人將社會資本歸結為文化因素，因為社會資本是一種公民參與精神和心向。也就是說，Putnam的研究不僅確認文化對政體的決定性影響，從而否定經濟決定論，而且以文化作為經濟發展的決定因素。便於理解，以更通俗的話說，在一個更大自由的社會中，不僅民主政體更容易被創建和健康存活，而且經濟發展會更好。

依照科學主義的說法，民主政體是宏觀條件決定的。當宏觀條件成熟或具備時，民主就產生；如果這些條件不具備或尚未發育成熟，民主就無法出現，即使被強迫創造出來，那也是夾生飯。對於科學主義的挑戰在二十世紀七十年代中期出現。Dankwart Alexander Rustow在他那篇里程碑式的文章中區分民主轉型啟動和民主成熟的不同概念。他認為，那些被認為那些被認定的民主轉型的宏觀條件是民主健康存活的條件，而民主轉型的啟動不需要那些條件。啟動轉型的是一個國家持續進行的政治鬥爭達到一個情勢，其中各主要力量都接受民主化是規範和控制鬥爭的出路，此刻民主轉型就發生了。Rutow的主要貢獻在於撇開那些宏觀條件，而側重於在微觀層面的行動者的互動中，審視民主轉型的機遇。對Rustow的研究進行引申，民主轉型可以在任何宏觀條件下發生。科學研究的發現揭示的只是在某些條件下民主發生的概率，對於確定在某個特定國家是否發生轉型沒有意義；而且這種概率隨著新案例出現不斷地被修改。Rustow的論文發表後不久，南歐就開始被稱為第三波民主化的全球民主轉型浪潮。從南歐到南美，再到亞洲和蘇東，再到非洲和阿拉伯世界。哈佛大學教授亨廷頓在《第三波》中對這些轉型進行研究後確認，轉型在各種經濟社會發展水準、社會結構、文化類型和歷史遺產中都可以發生。

Rustow的研究開啟民主轉型研究的第三階段，以政治力量間的博弈作為解釋轉型是否發生關鍵因素。一批具有南歐和南美的政治學者在美國對南歐和南美的轉型進行經驗研究後，形成一個有關轉型研究的學術架構。簡單地說，一個國家的轉型發生是朝野理性選擇行動策略後進行戰略互動的結果；通常是統治集團實施自由化政策，導致反對派在一個寬鬆的政治環境中發展，進而動員民眾要求改革；在反對派發動民眾抗爭的壓力下，統治集團分化出以改革回應民意的派系；統治集團中分化出的改革派與民間運動中的溫和派良性互動，達成協議，對國家政體進行改革。

不管對於微觀博弈解釋論有什麼批評，以博弈論作為轉型研究的基本方法論工具被肯定。博弈論的開發，為微觀層面政治力量互動博弈的解釋途徑，提供了學術分析的工具。與客觀決定論不同，博弈論引進歷史創造者的主管因素。博弈論假設決定轉型的博弈者都是理性尋求最大化利益的功利主義者。他們對每一種行動方案選項都計算其他博弈者的反應以及各種反應給自己的行動造成損益，然後選擇對自己的最佳行動方案。當主要力量間理性選擇的行動方案達成一致時，也就是博弈論說的納什平衡，這就是可以預期的結果。轉型就是博弈者參與者都接受的行動方案的結果。

對於第三代轉型研究思路的批判來自幾個方面。首先，宏觀條件作為轉型啟動的因素不是全然無關。在某些關鍵關頭，宏觀因素決定行動策略的選擇範圍。更多的批評是對於南歐和南美轉型研究的局限性。例如，南歐和南美轉型的研究不適合解釋蘇東陣營，因為那裡是極權體制，沒有公開的有動員大眾影響力的反對派。南美和南歐都是威權政體。對於威權政體的轉型，主要批評著眼於兩個特徵：精英主義和和平理性非暴力。毫無疑問，執政集團都是精英。而那種在持續政治博弈中能保持理性存活下來、並在最後關頭願意與統治集團達成和平協議的反對派，也是精英；他們的行動策略選項通常是和平理性非暴力。對於南非道路的研究表明，儘管最後南非是通過和平協議實現轉型，但其間大眾抗爭和暴力革命對於統治者願意和平交權的轉型協議起了至關重要的作用。

從人類有關政治轉型的研究的演變中可以澄清中國精英普遍存在的幾個誤區。這些誤區妨礙中國人勇敢地啟動轉型。第一個誤區就是強調轉型的宏觀條件。馬克思的歷史唯物論對於生產力、生產關係和經濟基礎、上層建築間的關係的決定論，還不是主要問題。那些從現代化理論出發，強調現代化進程中政治對經濟和文化的依賴，構成中國民間精英懷疑立即實現民主化的主要障礙。另一個誤區就是對和平開放轉型需要和平理性非暴力的精英領導的迷思。

第二節　民主化的動力機制

轉型是微觀層面的政治力量互動的結果，那麼這種互動是如何發生的？也就是說，轉型的動力機制是什麼？是什麼力量、在什麼情況下、通過什麼方式促成轉型發生？這些問題就成了轉型研究的重點。

李普塞特在《政治人》一書中提出中產階層是民主制度的穩定支持力量。然而，就像宏觀條件不能解釋轉型發生一樣，中產階層解釋的是民主政體穩定運行，而不是轉型的發生。政治史上更多的情況是，中產階層喜歡歲月靜好，在一般情況下是任何政體的穩定力量。人類政治史上不同地區和時期，不同的力量曾擔任過轉型的推手。在英國憲政史上，土地貴族曾是向國王要權的主要力量。在法國，第三等級扮演過重要角色。在美國，南方奴隸主和北方工商階層都同樣有作用。在德國，凝聚工人的社會民主黨起過重大作用。在南韓，學生運動是不可或缺的角色。在臺灣，不認同「外來政權」的臺灣獨立的知識份子有重要作用。還有宗教領袖、專業人士、開明專制君主和經濟技術官僚甚至軍隊等，都曾在一些轉型中起過重大乃至決定性作用。

轉型就是那些對於現實政體不滿的人發動的政治運動的結果；民主轉型就是那些最終接受民主制度作為解決問題方案的人採取行動的結果。這些力量可以是任何階層和社會團體。

有關轉型的動力機制，中國精英廣泛存在的一個誤區是轉型的利益驅動問題。許多人說，中國人很自私，缺乏公益心，是所謂精緻的利己主義者。還有人說，經受中共洗腦教育，國人不接受民主的理念。這些人實際上是認為，轉型只有在人們追求民主的價值時才會採取行動建立民主。從這個誤區中引申出的結論是：民主轉型前要有一個普及民主知識的啟蒙過程。按照這個理論，如果極權政體中的專制統治者壟斷資訊、厲行鎮壓異端、使得任何啟蒙都不可能，那麼這個國家永遠不會有轉型機遇。顯然，這個推測與人類政治史不吻合。人類政治史表明：多數轉型都不是在民主深入人心的情況下發生的；特別是那些民主政體的原創國家，在民主化的前沿探索時，根本沒有什麼民主理念可供系統地啟蒙。人類民主轉型史上的投入轉型的力量，大都是利益驅動，而不是理念驅動。而那些純理念推動和刻板規劃的轉型，常導致各種副作用和災難，像法國大革命一樣。那些利益驅動的轉型，往往有節制，並且結果會約束手段。現代制度研究和設計中，利益不是好的制度和政治選擇的障礙，而是出發點；趨利避害、最大化自己的利益和最小化代價的理性人，是所有制度設計的出發點。關鍵是：民主力量要將民主解釋為符合這些力量的利益的最佳解決方案。

博弈論認為，社會是多元力量和多樣化意見構成的，社會是多元力量和多樣化意見構成的；當相對於需求，資源或價值稀缺時，在社群間圍繞如何分配稀缺價值和資源，會產生衝突；社會需要某種制度安排，決定這些資源或價值在各社群中如何分配；政治制度就是分配決定公共決策的政治權力的制度，而憲政民主與專制一樣，都是分配政治權力或公權力的制度；因此，政治制度是個人或集體行動追求個人利益的選擇結果，理念價值是爭權奪利的規則的理念；當然，規則的理念不是全然沒有意義，但這些理念在詮釋博弈中的行動者動機時，與利益驅動是一樣的功用，一般作為各種利益中的一種。

以利益解釋博弈者的轉型動力並不排除文化和認知的意義，而是把觀念、知識和理念這些主管偏好整合進博弈者所要追求的利益中。因為政黨利益的界定和實現利益的手段的權衡，都需要人的文化觀念和認知；當文化觀念和知識發生變化時，對利益的自覺和各種手段的評估也會變化。那種以為人們對民主認識不夠就不會追求民主的另一個誤區是：忽略了人們在行動中被啟蒙、在持續行動中滾動學習和調整政治選擇。在歷史上真實發生的轉型中，那些推動轉型的力量甚至領袖，常常在開始沒有意識到最終要建立的是憲政民主。但一旦他們投入博弈，博弈產生具體情境逼迫他們一步步走向憲政民主。這裡既有在行動中被啟蒙的結果，行動中人們的感情和心態會變化，也有在具體操作者在持續的博弈及不斷改變的情勢中提升自己認知和適應情勢變化調整選擇的滾動學習決策。

博弈論理解轉型中的力量需要適度複雜的視野，不能過於簡化；有時要將一個案例中當作一個力量處理，在另一個分析中當作一個內部有分歧和博弈的系統。例如，在理解統治集團在轉型中的作用時，就要看到，正常情況下似乎有共同利益和團結以維護統治的統治集團，在轉型機遇出現時，會發生分化，內部會有改革派、溫和派或鴿派與保守派、強硬派或鷹派的分歧、衝突和博弈。在和平開放轉型中，這種分化是必要的條件。為什麼統治集團會分化？因為統治集團中不同的人在不同的情境中，對於轉型有不同的最大化利益。如果轉型中第一把手會失勢，而第二把手在支援轉型後可以替代第一把手成為第一把手（民選總統），那麼挑戰第一把手就符合他的利益。統治集團分化時更可能的情況是：在危機關頭如何處理危機會有分歧，或者在出現重大失誤，誰承擔責任會有分歧。總之，歲月靜好時貌似鐵板一塊的統治集團在某些時刻的新情境中分化出相互不同的派別並就是否接受轉型博弈，是因為新情境中對於各種選擇的利益計算不同了。

高層分裂和衝突對於解釋轉型具有重大意義，以至於某些學者將其當作轉型的必要條件。如果你問今天的中國問題專家為什麼不看好今天中國的轉型可能，他們總會提及的一個因素是高層沒有分化出一個主張政治改革的集團。執政核心分裂出一個傾向民主的轉型集團，被認為是轉型機遇出現的重大徵兆。事實上，以博弈論視野中的高層權力鬥爭，不僅可以解釋第三波民主化的和平開放轉型，而且可以解釋英國和美國這些憲政體制長期演進的民主化趨勢。在政治高層的權力鬥爭中，某些集團為了最大化自己的政治利益，獲取更多的支持者以取得對競爭者的優勢，需要修訂規則，引入和動員新的力量加入政治抉擇程式。這是憲政政體中的民主化改革的基本動力之一。

但執政核心的分裂和高層權力鬥爭在民主化進程中的動因不能過度誇大。在目前轉型經驗看，這個解釋比較好地適用於和平開放轉型。對於沒有和平開放轉型的空間因而要發生革命的地方，這個動因的解釋力有限。而且從博弈論的角度看，轉型需要多層次推動。即使高層發動，也需要底層的配合。對於高層缺乏轉型動力的國家，底層的原創行動更重要。在顏色革命中，高層是被底層行動和風潮撕裂的。後來的和平開放轉型需要的高層改革派，是被底層發動的風潮從高層撕出來的。底層行動是民主轉型的必要條件的最重要理由是轉型後的政體性質決定的。中國精英對於轉型中的統治集團分化的另一個誤區是：過高地估計統治集團的領導作用。這反映在君主立憲或將蔣經國、戈巴契夫視為轉型成功的關鍵因素上。即使執政核心傾向轉型，轉型還是有風險；一個成功和健康的轉型需要精心權衡、思慮縝密的頂層設計。這種誇大執政核心在轉型中的角色的看法，也是對轉型中的動力機制做過於簡單的理解。從博弈論解釋架構看，民主政體不是簡單的統治集團更迭，而是政體的轉換；民主政體是多元利益和多樣思想開放競爭的程式；由一個集權專制政體轉向自由表達和公平競爭的政治程式，總是要過一個坎兒，這就是將權力讓渡給人民。這也就是在這個時刻後，不再有決定博弈規則的專制執政核心。不論怎樣的頂層設計，都不可能算計周全此後的博弈。這種博弈是有風險的，但這是民主轉型的必須的階段。那些為頂層設計預留空間的轉型，都是開明專制的改革。由開明專制過度到憲政民主，統治者必須交出最高權力。民主轉型也許會有執政核心的分化或參與，但底層創制才是不可或缺的決定性因素，這是轉型後的博弈規則也就是政體性質決定的。憲政民主轉型，不論起步時執政核心扮演多麼重要的角色，最後一定是民間博弈主導，並且逐步削弱前民主政府對博弈的決定性控制能力。憲政民主轉型只能是民間博弈的創造行動的結果。

這裡特別強調的是：對於轉型中的高層角色的最大迷信是有關頂層設計的神話。人類轉型經驗表明，頂層設計也許在威權體制中的自由化階段也就是轉型前階段有些作用，但也大都不是憲政民主的改革，而是專制善政。到了一定階段，底層爭取民主和自由的政治風潮是轉型破局開始的主要動力機制。頂層設計中總少不了高層在局勢發展出乎設計者規定的軌道時的控制機制；不衝破這個限制，轉型就不會達到將最高權力關進籠子裡的憲政民主政體。民主轉型越到轉型後期，所謂的頂層設計的作用就越淡化。

中國民間運動對於轉型廣泛存在的誤區是過度迷信國際干預，而不相信本土力量。他們認為，本土力量不可能成為轉型的主力；因為如果本土力量是主力，轉型早就該發生並成功了。這種誤區其實是不相信憲政民主是普世價值。所謂普世價值，就是所有民族、文化和國家都適用並被該被接受並會接受的價值。憲政民主之所以是普世價值，並不是這些價值是道貌岸然的神聖價值，而是功利性的博弈規則。說到底，這些規則是理性討論和決策的程式性規則。自由、平等、法治、公正和民主，都是講理的規則。如果一個博弈是公平的，就應該是憲政民主的。而公正的規則才是博弈論中各方最終會達成的納什平衡。這是康得的無知之幕下各方理性計算時最可能被接受的結果。只要一個國家的各種力量有爭權奪利的博弈，這種持續的博弈最終會穩定在憲政民主的政體中，而且是經得起協商討論。其他政體中的穩定都是暴力征服和維持的結果。這樣的政體的和平都是暫時的；一旦維持和反抗的力量平衡變化，強穩的局面就會被推翻。只要中國人理性追求功利，那麼他們就會接受普世價值基礎上的憲政民主。

當然，國際干預也有作用。憲政民主在全球的傳播表明，憲政民主取向的轉型，只是在極少數原創國家中是純粹內生的，在絕大多數國家中都是外生的或者說是全球化中外來輸入的觀念和制度設計；即使那些原創國家，也是在國家間相互影響和激蕩的產物。外來影響，除極少數是軍事佔領下的強行推行的改革外，大都是觀念的影響，還有少數轉型啟動中有外部經濟制裁的作用。在某些情況下，對外來干預的過度依賴，忽略本土民眾的動員，會導致痛失轉型的機遇。中國轉型的一個問題就是，當全中國底層抗爭風起雲湧時，民間力量的領導總是聚焦眼光在境外勢力的關懷和評估上，而不去發動和組織本土民眾參與推動轉型。

總之，作為追求利益的博弈的參與者，憲政民主是經得起推敲和辨論、並在自由討論還能保持和平的唯一選擇。在博弈中轉型的動力機制是普遍存在的。但轉型的機遇確實在某些時刻更有可能發生。博弈論對於轉型思路的理解對於政治分析而言並不陌生，這就是經典現實主義的思路。經典現實主義將政治過程視為爭權奪利的博弈，各方參與者都是為了最大化實際利益而選擇行動策略，而不是為了什麼抽象的理念和原則行事；為了最大化自己的利益，他們要考慮其他參與方對自己的行動的反應和反制，在這種互動中計算得失；只有各方得失計算後的選擇收斂到一個前景時，這個前景就是可靠的預測；民主轉型就是在一個特定的情境中各方都接受的方案，或者經由勝負博弈民主化成為勝利一方的選擇時，民主轉型就發生了；民主化不是單純追求理念，也可能不是博弈一開始就被接受，而是在持續博弈中強勢方學習和滾動決策最終接受的結果。

第三節　民主化的一般進程

一個國家和地區的民主化一般進程會經歷那些階段？這是轉型理論的另一個重要的課題。迄今為止，最為普遍歸納出的轉型路經還是那批來自南歐和南美的轉型經驗。這些國家的共同特徵是，他們都是威權政體，其間還有獨立的教會、大學、工會、新聞媒體、企業公司、國際組織、法院、軍隊以及選舉等社會機構化設施、權力中心和憲政程式。這些國家中的許多還有民主制度的歷史，還有反對派合法活動至少有限生存的空間。這些國家的威權政體或者是軍事政變建立的軍政府，或者是民粹主義顛覆憲政程式的強人統治，但這些統治的權力是有限的，其運行受到各種制約。對於理解中國這類極權國家中的轉型，其中政府有任意控制公民的無限大而不受任何可靠的制度性制約的權力，其實沒有任何獨立民間力量的合法空間；南歐和南美的轉型路徑不適合解釋和預測中國的轉型。從理解中國轉型需要出發，我在此勾勒出一個可以涵蓋更廣泛的轉型案例的民主轉型路徑圖。按照我的路徑圖，一個民主轉型要經歷三個階段：破局結束專制體制的階段，圓桌會議制定新憲政結構的階段，和鞏固新政體階段。

根據南歐和南美的轉型路徑模式，一個國家的民主化起自於一個自由化階段。這是統治者主動採取的措施。當自由化實施到一定階段，反對派積累了一定影響力，某個事件發生刺激出大規模政治風潮，自由化就進入民主化階段。蘇東模式從某個角度看也符合這個模式。但是中國不同。中國在一九八九年後的政治統治一直是高壓維穩，就此而言沒有什麼自由化空間。然而，由於六四屠殺，中共失去超功利的執政正當性，需要創造經濟發展基礎上的新的執政正當性，變共產黨實現共產主義的革命黨為面向發展的政府。這就要求中國加入全球化資本主義體系，給與民間一定自由空間和建立一些專業制度，與國際社會接軌，還要注意國際人權壓力。這類極權體制對全球資本主義讓步出的有限空間，與威權政府的自由化有類似效果。此時，一個事件牽動全域，打破執政者控制全域的能力，是轉型啟動的關鍵。因此，中國與其他國家一樣，一個事件導致大規模政治風潮是民主轉型的起點，可以視為一個持續轉型的開端。當局勢發展到一定程度，統治集團內部會圍繞著如何應對運動和平息事端以及追究造成風潮失控的責任而發生分化。原有的派系平衡被打破，或者新的分裂出現，那些主張以正面回應民間風潮訴求化解危機的改革派與主張沿用過去的鎮壓方式維護統治的強硬派分裂，或者有問鼎更高權力位置的實力派機會主義地投機民間風潮而反對鎮壓。當統治集團的改革派公開站到運動一邊並控制統治核心時，他們會承諾召開圓桌會議與社會各界共商國是，此時破局成功。就體制結束。另一種破局成功的前景是，當面對達到一定規模的風潮，員警和軍隊意識到任何鎮壓都會付出非常血腥的代價並被盯在歷史恥辱柱上甚至被追究責任時，他們會公開宣稱不鎮壓民變。此時，轉型的破局階段基本完成。

轉型的第二階段是圓桌會議。圓桌會議是各種力量協商制憲，建立新制度規則的階段。在人類政治上的轉型關頭，東歐確實有過朝野各界參與的圓桌會議。更普遍的圓桌會議是許多新舊政體交接的談判。在更廣泛的時空視野中看，圓桌會議可以視為一個比喻，是一個國家舊制度終結後，各界力量協商建國的過程。能夠進入圓桌會議的力量有：長期從事反對運動的象徵人物，舊制度中最後關頭站到人民聲望和影響力的賢達，公共空間中的公共知識份子和意見領袖，憲政及其他相關領域的專家，以及國際社會的代表。圓桌會議是轉型過程中最危險的階段；這期間充滿密謀、會談、會議、談判、換文、爭吵、衝突、甚至內戰。轉型是否成功以及多大代價，大都是這個階段的風險。因為這個階段中，舊制度不再發揮作用，新制度還為產生，不僅最高權力、而且許多節制和規範爭議的制度都是真空缺失，國家事實上是無政府狀態。持續的混亂和衝突，會導致民眾厭倦，對民主化失去信心。此刻，舊勢力可能復辟，新政治強人縱橫捭闔以陰謀、腐敗交易和大打出手的暴力建立新的強人政治，國家會事實上向舊制度回歸。

如果社會各界通過圓桌會議成功地制定出新的憲政安排架構，轉型就進入第三階段。當然，圓桌會議還不能完全結束，因為新政體進入現實運轉還要磨合和修改，但政府可以按照新的憲政程式產生，補充、修改和調整憲政結構的新內容有章可循。此時，新的憲政體制仍然可能翻車。當選舉結果令人某些強勢集團不滿意時，他們可能推翻新的憲政安排，或者在新制度中合法發動新的風潮，試圖推翻你選舉結果甚至憲政安排。一個新生民主政體是否鞏固和轉型是否完成，有兩個標準。一個是耶魯大學的林茨提出的政治心理或文化的標準，當主要政治力量都不再想在憲政安排外謀求自己的政治利益而推翻憲政安排時，這個憲政政體可以說被社會接受，已經有效、穩定和可靠地運行了。另一個標準是哈佛大學教授亨廷頓提出的經驗操作標準，當一個國家實現二次政黨輪替時，即某個執政黨被選掉又重新選回來時，這個新政體可以說已經鞏固了。民主鞏固階段雖然不像圓桌會議那麼危險，但新生民主政體也有翻車可能。有一種較為普遍的現象是，如果圓桌會議更多地保留舊勢力。那麼這個舊勢力通過第一次大選可能獲得新的執政合法性。在未來的政治博弈中，過去的民間力量會與舊制度中轉到新制度中的執政勢力不斷衝突。舊勢力會以維護秩序為名重建非民主政體，新勢力也可能不承認大選結果，要找茬發動二次革命。此時，新生民主政體會翻車。國家會陷入長期動亂甚至內戰中。

毫無疑問，民主轉型的三個階段，相互銜接，彼此影響，但也是相對獨立的。我們不該因為第二階段或第三階段翻車就指責不該有第一階段推翻舊制度和嘗試建立憲政民主。第二階段或第三階段的失敗主要是因為那時的博弈出現惡鬥。這不是第一階段可以負責的。當然，第一階段做得好些，可以為以後的階段創造好些的條件，但轉型是創制，本質上是一個不確定的風險過程。最重要的是，當一個國家非轉型才能解決問題時，轉型一定會應運而生，不可阻擋。轉型的破局階段，更多的是舊制度危機的必然結果。民主力量只能抓住舊制度危機中終結的機遇，做好第二階段創制和第三階段行憲的工作。那種被動消極的態度和看法，不會讓轉型不發生，只會讓轉型以無準備的情況下發生，更有可能導致失敗。這種失敗會讓民主轉型失去一個世代以上的機會。

第四節　民主轉型的關鍵：政治博弈者的創造性行動

回顧上述人類轉型智慧發展，今天轉型智慧不再以宏觀分析作為理解轉型問題的指導思路，而是要以行動者為中心理解轉型。一個政治共同體的民主化的關鍵不取決於任何宏觀因素，而是該國政治力量博弈的結果。民主轉型是博弈者創造性行動及相互互動的結果。宏觀條件只是為行動者提供活動的制度和非制度的空間、活動者用於活動的資源、活動者的行動方式的選項以及活動者的認知和價值。

以活動者為中心的思路，要準確現實地理解活動者動機、偏好、知識和資訊；博弈論認為，動機可以是物質的和潛規則類的微妙陰暗心理，資訊是有限的並且經過偏聽偏信的主觀篩選、編輯和想像。然後基於動機和偏好及具體可用的資訊，理解活動者如何選擇行動策略。

在理解博弈時，要恰當地確認一個事件的博弈參與者。在一個事件的博弈中是一個陣營的博弈者，在另一個事件中會是相互博弈的參與者。有時，一個陣營會在一個事件中分化成不同的博弈者相互博弈。還有時，在一個事件中，博弈在相互競爭的陣營中展開，而競爭的陣營內也有相對獨立的內部博弈，並且內部博弈者會出於自己的利益，與外部競爭的陣營或外部警長陣營內某些博弈者勾兌。

政治分析，特備是轉型政治的分析，首先要找準促進和推動轉型的事件，也就是主導博弈，並兼顧分析其他次要的博弈。在轉型前，博弈就是執政者和反對力量間的博弈。但轉型一旦啟動，執政陣營會迅速瓦解分化出新的博弈者，反對陣營原本就是一群被迫害標籤為一個陣營的一群博弈者，此時會選擇不同結盟-競爭策略，對待執政陣營分化出的力量。原有體制中被壓制不敢參與或者沒有政治意識的社會力量，也會在憲政自由的空間中投入政治，新的黨派格局會形成，然後新的博弈會開始。

第七章　中國民主化的歷史與現實機遇

中國民主化雖然是一個艱難曲折的進程，但也不是意外。我在本章簡單討論二〇世紀中國民主化的兩個機遇，討論不是建立完整的政治史，而是從轉型政治角度重新審視中國精英中對這些歷史的理解中普遍存在的誤區，這些誤區影響今天抓住轉型機遇的信心。然後主要討論當下的民主化困境和機遇。最後討論中國走向憲政民主的真實困境。

第一節　二十世紀初的中國政治轉型機遇

二十世紀初期，中國有一個轉型的機遇。儘管國人史書將此次機遇定在辛亥革命，但按照轉型理論，應該是在庚子拳亂之後，滿清痛定思痛，正式開始謀劃政治改革；至少清末立憲可以看作是進入轉型。如果再往前，戊戌變法，甚至一些洋務運動期間的措施都可以看作是政治轉型。然而，依照轉型三階段的模式，辛亥革命創建第一共和才是轉型，那麼辛亥革命前的政治改革可以看作是一般理論所說的自由化的階段，是為轉型到來做鋪墊。現在大陸知識界普遍對辛亥革命持否定態度，因為辛亥革命後的兩次復辟和反復辟的鬥爭，導致中國局勢失控，進入長期內戰。究其原因，似乎辛亥革命中斷清末立憲運動是罪魁禍首。這個說法混淆了轉型的三個階段相對各自獨立的原則。讓辛亥革命這個轉型第一階段的工作對轉型第三階段的失誤承擔責任。

事實上，辛亥革命作為轉型第一階段段是成功的。武昌起義雖然事起倉促，但人民已經準備好接受革命，因此革命迅速發展成全國範圍的起義。這並不是孫中山的革命造就的結果。辛亥革命前，中國政治改革有五大集團。立憲派有三支：中央立憲派是袁世凱及主張變革的朝臣，地方立憲派是各省諮議局為中心的士紳和企業家，海外立憲派是梁啟超。革命派也有兩支：以長江中下游為中心的留日學生革命者，另一支是孫中山領導北美華僑中革命者，主要在廣東活動。孫中山的活動模式是在海外募捐，然後向國內會黨提供經費，發動起義。這樣的起義十次，連一個鎮政權都沒有打下，遠不及十九世紀清朝不斷的會黨自己發動的起義，經常連陷縣城，甚至打下過半個中國。長江中下游的留日學生主要在新軍中發展力量。這些留日學生在海外保皇派和革命派大辯論中最初是擁戴孫中山做領袖的，但是一九〇七年孫中山離開日本前後，他們分裂了。這些留日學生主要通過暗殺和推動新軍起義。辛亥革命是這只革命力量發動的武昌起義啟動的。但是，辛亥革命能席捲全國，是因為立憲派倒戈支持革命。最初立憲派希望通過清廷立憲運動建立君主立憲完成政治革命。立憲運動高峰時，革命派被邊緣化。然而，慈禧太后死後，掌控軍政大權的滿清新貴更改變法最初定下的方案。一方面鎮壓速開國會的第三次請願活動，另一方面弄出皇族內閣。逼得地方立憲派與革命派合流，立憲派以各省諮議局為中心支持革命派，在全國範圍內促成各省獨立。局勢糜爛下，清廷重新啟用袁世凱統帥北洋軍隊鎮壓各省起義。但中央立憲派袁世凱擁兵自重，裹足不前。逼迫清廷交出大權，實現中國版的光榮革命。當袁世凱與清廷達成和平交接權力，清廷頒佈遜位詔書時，中國政治轉型的破局階段完成。因此，儘管孫中山首倡革命，但辛亥革命與他關係不大。而且，從比較政治眼光看，辛亥革命的結局比英國的光榮革命還要好，妥協完美。如果比較二十世紀初期的其他國家革命，中國辛亥革命的破局更是完美有加。十九世紀西方的強勢擴張，在二十世紀初壓垮了幾乎所有非西方的帝國。這些帝國革命後大都解體，失去大片帝國屬地。但中國的清廷遜位詔書，為換取漢人不對揚州十日、嘉定三屠和二百多年血腥統治報復，不僅將清兵八旗入關佔領的明王朝郡縣制管轄的土地還給中華民國，而且將清王朝統治期間征服佔領的大片由理藩院管理蒙古、新疆、西藏和西南的臣服清廷但自治割據的政權的大片土地也交給中華民國。中華民國是西方擴張碾壓下、被革命推翻的帝國中唯一基本完整保持領土的國家。

雖然孫中山不是辛亥革命的實際操作過程中的政治領袖，因而不該對其成敗承擔直接責任。但孫中山是革命的象徵。他不僅是革命建國後第一個總統。而且他死時，他政治宿敵北洋政府為他舉辦國葬。北洋出過四位總統和兩位準總統以及十個以上總理，他們沒有為自己的政治領袖舉辦過一場國葬，但為孫中山先生舉辦國葬。可見孫中山確實是朝野公認的辛亥革命的精神領袖。

中國辛亥革命後的圓桌會議可以看作由三方面的討論構成：北方袁世凱與清廷的遜位談判，南方革命黨人制定新的憲政架構，和南北議和談判。比較其他國家轉型，中國辛亥革命後的圓桌會議階段算是順利。然而，中國圓桌會議未能就國家憲政結構做出較為周全的安排，為以後惡行衝突埋下禍根。

辛亥革命啟動的轉型的第三階段應該以一九一二年底的第一次選舉為開端。雖然選舉產生出第一屆國會，而且這屆國會中形成兩黨競爭機制，但是中國這次轉型未能完成第三階段。無論從林茨的主要政治力量不謀求推翻憲政安排的心理標準來看，還是從亨廷頓的二次政黨執政輪替的經驗標準看，中國的轉型都隨著國會分裂和癱瘓而夭折。

中國政治進入北伐後，辛亥革命的轉型機遇過去了。辛亥革命後中國持續亂局，國民黨統一中國，抗日戰爭、國共內戰，最後中共建政才結束國內亂局，但也徹底終止辛亥革命帶來的憲政民主希望。大陸進入中共極權統治。東遷臺灣的中華民國也因為戡亂暫停真正的憲政，事實上採取威權政體。

關於辛亥革命那次轉型的失敗的討論很多，但是我認為，中國人的討論缺乏各國轉型的比較分析，因此忽略了當時的國際條件的影響。倒是有些美國的研究關注當時日本和前蘇聯對中國內政的干預，使得中國無法形成穩定的政局和有效管理的政府。中國二十世紀初的立憲派和革命派都是在日本成軍。而後來國共內戰的雙方也都是蘇俄大力扶植成型的。在二〇世紀初期那種列強干預的情況下，世界上幾乎所有的非列強的政治轉型都不能產生穩定的轉型。這不是中國一個國家的問題。這種動盪局面，要等到第二次世界大戰後，才穩定下來。即使列強內部，也經歷許多地震般的政治動盪。以七〇年代開發的轉型路徑模式分析人類第二次世界大戰前的各國轉型，普遍存在不能以內政紛爭解釋的問題。

第二節　二十世紀八〇年代的中國政治轉型機遇

一九四九年中華民國退守臺灣，中國大陸進入中共極權統治時期。由於毛澤東個人脾性和思想，中國大陸沒有進行系統的制度建設，而是在無休止的政治運動中折騰，中國底層民眾曾多次有機會似乎可以表達政見甚至組建團體和建立地方政府。但這都是毛澤東個人率性而為的權力鬥爭，政體變化很大，但不是民主轉型的機遇。

中國真正出現轉型機遇是毛澤東死後，鄧小平复出爭權開始。毛澤東的革命給中國帶來深重災難，包括中國共產黨人在內都痛定思痛，思考毛澤東的錯誤是什麼以及毛澤東後的中國應該如何變化。七〇年代後期開始，五種力量競爭中國前途。「四人幫」及文革造反派是激進毛派，要繼續毛澤東的政治運動式的革命。華國鋒等主導政局的是被稱為凡是派的溫和毛派。他們要停止毛的激進運動，但基本保留毛的政治和經濟的路線。陳雲、李先念等認為，既然毛的文革錯了，就該回到文革前的史達林模式。他們被稱為還原派。鄧小平認為，毛的一套要改，但毛以前的蘇聯模式也不可取，應該改革探索與西方接軌的新模式。他決心改經濟模式，實施對資本主義開放。但是，那時他對政治上怎樣改，舉棋不定。不過，根據他後來的選擇，可以視為經濟改革派。那時堅決要求政治改革的是青年人，這是民主派。民主派總結四五運動失敗的教訓，緊緊扣住不能讓毛澤東死灰復燃和文化大革命捲土重來的核心話題，要求建立民主法治。

在鄧小平复出時，激進毛派已經被凡是派和還原派聯手擊敗。後來鄧派、還原派，聯手民主派青年人，將凡是派逐出政壇主導地位。其後，整個八〇年代是凡是派、經濟改革派和民主派角逐中國前途。在八〇年代初期清除凡是派後，還原派和鄧派聯手鎮壓民主派，終結以民主牆和高校競選構成的北京之春運動。其後數年，還原派與鄧派圍繞爭奪黨內領導權陷入拉鋸戰。中共十三大，還原派在黨內主要代表人物意外落選。鄧派掌控大局。在這個背景下，趙紫陽試圖因應解決經濟發展和改革帶來的新問題的需要，啟動政治改革。社會思想全面活躍，民主派在體制內外都成為壓倒性力量，終於促成一九八九年民主運動大潮。一九八九年民主運動及六四鎮壓的血腥結局，為中國八〇年代的政體轉型努力畫上句號。

以民主轉型路徑圖的三階段的模式看，一九八九年前的中國政治是自由化時期。一九八九年出現的大規模政治風潮是典型的破局階段。這次轉型在破局階段就失敗了。相比之下，辛亥革命的結局要好些，到第三階段行憲鞏固新政體時才失敗。為什麼這次轉型努力會失敗?中國民運和關心中國政治進步的人士進行過大量討論。大體上有兩類說法。第一類是精英議論比較多的，這就是轉型的宏觀條件不具備或不成熟。我在上一章討論過，這種說法站不住腳。另一種說法是從運動參與者身上找原因。有三類原因。一是是運動參與者的品行有問題；他們找出運動參與者的一些劣跡作為解釋的理由。二是運動參與者思想深度和精神高度不夠；他們比較運動參與者與前蘇聯東歐的異議人士的文字。三是運動參與者犯了策略錯誤；四是運動參與者對統治者抱有幻想，他們沒有果斷行動推翻中共暴政。第一個說法顯然經不住其他國家轉型的比較推敲。那些轉型中最先投入的力量是行動者，他們的性格普遍存在異常特質。這是從事運動操作的人都熟悉的情況。第二種情況也錯誤地理解蘇東波的轉型。他們以為轉型是那些長期堅守良知的異議人士發動和領導的。其實。在勃列日涅夫後期，蘇東異議人士已經被隔離成良心孤島。與其說他們發動轉型，不如說他們是被轉型解放了；而且多數人回歸社會適應得並不好。有些人物因為有名，在轉型啟動後，被政治風潮實際推手們請出做政治領袖，但轉型的操作中他們不是實際操盤手。第三種說法即行動策略失誤值得討論。根據這種說法，如果運動參與者更有經驗和智慧，能夠進退有據，那麼轉型可以成功。第三種說法有其道理。但是，對於極權體制中的民間運動，事實上很難有成熟的領袖在其位。一是因為沒有運動的機會鍛煉和積累經驗，那些短暫的快閃亮相帶給參與者的不是真正的操作經驗。再者當局嚴密控制使得有經驗的參與者沒有行動空間，而有空間的都是一哄而起的風潮中中冒出的政治素人，他們不熟悉反對運動的歷史。反對運動的經驗和智慧不積累。第四個說法常常與站在坦克上的葉爾欽比較。不瞭解中蘇當時的具體情境。葉爾欽站的坦克是支持他的軍人開來的，他已經是俄羅斯民選的總統，有充分的制度空間與蘇共周旋和博弈。而一九八九年的黨政軍都在鄧小平實際控制中，整個運動堅持那麼長時間，就是因為和平理性非暴力的路線使得鄧小平無法說服黨政軍支持他的鎮壓決定。當時任何的莽撞都會給鄧小平和戒嚴部隊口實，打開殺戒，提前鎮壓。

也許我們從比較政治轉型的視野看，更容易看清問題。中國一九八九年的政治衝突是人類第三波民主化的一個部分。突發事件激發出政治風潮，政治風潮撕裂統治集團，逼出溫和派反對鎮壓、願意以改革回應民眾訴求。這些典型的破局事件特徵在中國一九八九年民運高峰時都出現了。那麼，為什麼其他國家成功了，而中國卻失敗了？就像亨廷頓在《第三波》民主化呈現的，宏觀條件影響不大。那些成功的轉型中的運動參與者也不是道德聖人或精神有高度和政治很成熟。許多人也是政治素人。事實上，並不是別的國家運動參與者沒上街而中國學生上街了，也不是那些國家的運動參與者在統治者沒答應條件就撤出而中國參與者堅持不撤。就口號的激進和方式的激烈，那些成功的國家比中國學生走得更遠。導致結局不同的就是一個因素：那些國家的統治者寧願交出政權也不願開槍鎮壓，而中國碰到鄧小平，他寧願血流成河也不交出政權。當那些國家在五〇年代到七〇年代期間統治者開槍鎮壓時，他們的民主運動也失敗了。

第三節　「六四」後全球化中高壓維穩促經濟發展催生政治轉型新動力機制

一九八九年「六四」屠殺及其後的政治清洗，將八〇年代支持民主的中國各領域的精英從黨政軍及其他控制實際資源的系統中移除。一九九二年南巡講話後，鄧派徹底邊緣化還原派，成為黨內和國內獨大絕對掌控國家發展的派別。與此同時，鄧小平決心終止政治改革探索，建立面向發展的高壓維穩的威權政體。整個八〇年代，鄧小平在政治體制改革方面舉棋不定。一方面，他認為政治體制應當改革，確保不再發生文革那樣的悲劇，不能再給共產黨教條主義的左傾災難機會，特別是要激發和培養民間的創造性活力以謀發展；因此，他曾在一九七九年、一九八六年和一九八七年三次提出政治改革的話題。另一方面，他深深擔心民間在自由探索的空間中不斷爆發的民主化和自由化的改革熱情和風潮會影響政治穩定並衝擊中共專制統治的安全。六四鎮壓後，鄧小平意識到，自由化與維穩的不可調和的矛盾，終將導致民主派做大後與他攤牌。於是，決心採取和實施他身為贊許的新權威的發展模式。

南巡講話後的鄧小平模式是：為保障經濟發展，一方面要融入全球資本主義體系，獲取發展所需要的技術、市場、資金、管理經驗和制度設施，另一方面建立高壓維穩機制，不僅確保政治穩定，而且拆除發展的障礙和克服利益集團的阻力。這種發展觀要建立的政治體制是類威權政體。這個體制不是傳統共產黨的極權體制，因為極權體制會扼殺發展所需要的民間自由和活力，也會妨礙與世界接軌；另一方面，這個體制不是典型威權體制，因為為了更有效維穩刻意保持共產黨極權體制的基本制度設施，社會中的民間獨立組織和活動空間都是階段性政策提供的，不是制度化和憲政法治保障的。如果統治者需要，可以隨時取消。

這個模式確實維持了經濟的高速發展，但也造成政治衝突或博弈的新機制。政治博弈的存在要有兩個因素：一是問題，二是為解決問題而分化並衝突的力量。鄧小平的發展模式在兩方面造成困境問題。一方面，為了高速發展，造成許多傷害。拆遷和征地的受害者、污染受害者、下崗工人、無錢治病者等，這些發展中的失落者對現狀不滿；另一方面，為高壓維穩維持高度壟斷的權力會造成腐敗和暴政，腐敗和暴政產生許多新的敵人，腐敗和暴政讓少數權貴壟斷發展的果實和機會，多數承擔發展的苦果和代價。這樣的人有訪民等。在任何制度中，受害者都是要改變現狀的動力來源。但是，對於加入全球化謀求發展的中國而言，還有全球化本身帶來的變革動力。為了發展要保持開放，開放就要與國際社會接軌，接軌不僅是產業鏈和價值鏈，而且是專業和制度的接軌。這些自由民主社會中的專業和制度有適合自由民主的敬業精神和職業規範。這些精神薰陶出的人都是要改變類威權政體的人，以更好地發展職業和專業並以專業服務於社會需要。這些專業包括民營企業家、法律人、媒體人、知識人、技術人以及技術經濟官僚、智囊智庫。此外，開放還帶來社會和文化交流，那些發育在自由民主世界的文化人也會與類威權政體衝突。這樣的人有文化人、藝術人和信仰團體。

最初不滿的人並不想改變政體，而是想依照政體許諾的程式和方式表達問題、討論問題和解決問題。然而，暴政高度壟斷權力必然產生的傲慢和專橫以及執行力效率的意識，導致暴政採取見到粗暴的方式打壓和羞辱依法解決問題的力量。這必然激怒和激反這些力量。對於制度反叛和變革的啟蒙，從來不是簡單的認知改變，而是在實際生活中失望和絕望的結果。當問題和改變制度的力量都存在時，推動轉型的博弈和動力機制都具備了。

自古以來，專制統治者都以為，只要管住歷史上那些曾經的挑戰者，就不會再有政體安全的威脅。殊不知，當他們將老挑戰者邊緣化的時候，他們會在麻痺和自得中造就出新的挑戰者。而社會也常常看到老的民運人士被邊緣化一籌莫展的時候，對民主轉型喪失信心，看不見希望。甚至那些即將承擔轉型推手的新生動力也時常對此失望。

在中國目前情勢中，習近平的獨裁為政體轉型提供關鍵的動力。習近平建立獨裁本是不得已。因為到他接大位時，中國腐敗暴政已經將中國搞得怨聲載道。而各種制度因為腐敗失效，中國到處都是潛規則控制現實運轉。鄧小平的發展模式走到頭了。本來，習近平應該順應歷史發展潮流。進行憲政民主改革，逐步解決問題。然而，他不相信憲政民主，不願意放棄權力，他的個人野心抱負，使得他採取獨裁霹靂手段，整肅官場、重整共產黨河山，以建立不世之功。他以反腐消滅黨內異己，實現全黨姓習，又以掃黑清除民間獨立力量，實現全國姓黨。他的獨裁使得在過去鄧小平發展方略領導下的三十年中建立各派系和政治、經濟、文化精英鐵三角同盟，走到他的對立面。不管這些實力派要維護的利益多麼不合理和不公正，他們祭出反獨裁的大旗，提出民主和憲政的口號，與習近平鬥爭，他們事實上與習近平不共戴天。習近平在國際上的冒險，對香港、我、臺灣和南海問題的武力威脅，都激怒國際社會。一個以美國為首的圍堵中共的包圍圈正在形成，各國開始打擊和清洗中共在各國的力量和影響。

總之，今天，「六四」鎮壓後中國在全球化進程中以高壓維穩導致腐敗暴政促進的高速發展，產生出新的社會層面廣泛的轉型動力機制。當然，這樣形成的轉型動力格局也有一個問題，這就是由於成因不同，這些動力機制有二元社會的特點，一方面是廣大本土民眾由於生存資源和發展機會被剝奪並受迫害奮起反抗，另一方面是全球化中的新生精英與中共保留的極權政治的矛盾。本土大眾的士氣和外向精英的專業標準的分化，不僅造成民間運動的力量在分散在各反抗事件中，而且本土很難形成反抗的氣候。因為中國精英政治行動的成就感都在境外媒體、社會團體和政府的關注度上。本來，這些境外力量和介入應當是支援本土反抗運動，但他們固有的認知格調和品味，使得他們無意中保持對本土「不入流」的運動的距離，甚至懷疑這樣的反抗運動對中國未來發展有害無益。有少數精英以維權運動方式組織這些本土力量，只能接納很少一部分的草根反抗力量。而且這種組織方式會使得草根力量成為被救助的可憐物件，這些草根力量在行動中才能展現的洪荒之力沒有機會表現。

第四節　中國未來轉型前景想像

在新的動力機制下，中國的轉型會如何進行？依照經典轉型路徑圖，轉型前有一個自由化時期，在這個時期中，執政核心允許公眾對時政問題發表意見，並容忍一些集體政治行動。而這些反對力量集結到一定程度，遇到一些重大事件發生，就會形成大規模政治風潮，打破原有的政體穩定的局勢。因此，破局前要有一個自由化時期積聚反對力量。就此而言，中國六四後的持續高壓維穩，似乎不具備當局的自由化政策。許多人因此對轉型失去信心。然而，如果我們開放思路，不拘泥於自由化作為啟動轉型的破局事件的必要條件，而是著眼於審視轉型動力形成的成因，就會發現：目前全球化進程中的中國高壓維穩，導致腐敗暴政和社會不公，造就出的新的轉型動力社群，這同樣會在某個時刻發生某個事件時急劇積聚足夠的反對力量和抗議活動，產生破局事件，啟動轉型。當然，這個破局的機制也與南歐和南美的經典路徑途中破局不一樣。

民轉型的第一階段的破局事件導致大規模政治風潮，其實是兩件事：一是破局事件，二是形成大規模政治風潮。儘管中國轉型也會是有這兩個事件，但出現的機制會不同。南歐和南美轉型研究中的破局事件，往往是執政績效的重大失敗和繼承危機。這越來越不可能成為中國轉型的起點。極權國家出現的重大災難會導致當局嚴厲鎮壓異議運動，封鎖消息；即使大饑荒或軍事挫折，也不會導致轉型。繼承危機在中國曾經造成過機遇；毛死後鄧小平推翻華國鋒的鬥爭大概屬於這類情況。但中共總結教訓後，中共精心設計和安排接班機制，不再可能出現打破既定接班格局的意外。那些繼承關頭的權力鬥爭，大都是媒體和外界熱炒八卦話題，其實是新主安排自己的人事佈局的清洗。在中國這樣的極權國家，中共不會准許出現一個成形的有影響的反對力量。任何有可能成為有影響的凝聚反對力量的中心，都會被中共鎮壓，主要人物被關押使其失去活動能力和空間，而且通過嚴懲割裂他們與社會的正常聯繫，然後調動各種傳播手段，以隱蔽手法操控公共空間輿論，抹黑這些潛在的中心。在中國，大規模政治事件和長期鬥爭中形成的反對力量都成為公共空間中被邊緣化的良心孤島。這與南歐和南美的政治風潮不同，那裡的長期堅持的反對運動何以成為發動和領導風潮的中堅。這也是期盼中國出現變局的人對中國民主化的絕望悲觀的理由之一。然而，中共雖然可以防範那些灰犀牛式的破局事件和反對運動發動的風潮，卻無法徹底杜絕黑天鵝事件。中國出現破局事件，很可能是從一個不起眼的突發事件開始，引發群體事件，當局應對失策，激起公憤，迅速演變成大規模政治風潮。儘管中共有成熟的維穩機制，但是中共要防範兵變對武力的使用有嚴格的控制程式。走這些程式需要時間；部署一個團和一個集團軍的時間不同。如果運動規模的發展速度超過動員部署兵力的速度，局勢會失控。當運動在廣泛的地區同時出現並都達到一定規模，任何鎮壓都會付出極大代價，而且參與鎮壓者都清楚，血腥鎮壓不成，或者暫時控制局勢，以後也會被追究責任，他們將遲疑採取行動。甚至會出現局部兵變。習近平的獨裁排擠了原有中共體制內的力量也會動起來，明裡消極怠工或者暗地推波助瀾。在轉型研究中，一些專家從博弈論角度解讀，一旦人們普遍預期鎮壓必敗轉型必成時，許多原有體制內的人會成群結夥的起義和叛變，以便在新制度中有機會漂白自己在舊制度中的罪惡和謀取新制度中的機會。這個時間點後，執政者陣營必敗如山倒，而反對派陣營會雪崩般地增加。當執政者加入反對運動的政治風潮時，一些地方會建立臨時政府。既可以推進局勢發展，也可以維護地方秩序。一旦某個地區的地方政府有證明效果，就會在全國產生連鎖反應。

在中國可能發生的這個破局機制中，還有幾點常識誤區需要澄清。常識政治理解常常對破局者有些不合實際的要求，這些不需要的要求會影響人們低估破局可能性和成功的信心。首先，破局是極少數人的創舉，而不是一個規模人群的集體行動。這就是政治史上人們說的關鍵光榮的少數。破局是一個滾動發展的過程，而且是急劇快速並加速發展的過程，快到有人說是爆發，有人形容是雪崩。破局前事先看不清其發展潛力；多數人是在事態演變過程中一步步被裹挾進這個進程中的。一些很成功的轉型，例如美國革命，到大功告成時多數人還沒進入狀態。以至於美國獲得獨立時還沒意識到他們該有一個建國的方案。多數人都是在這個過程中被捲入的；在破局前，沒人知道或料到他們會捲入。第二，在威權政體中，破局事件的機制可以預期，即：灰犀牛事件處理解決不了，一步步走進危局。但對中國目前這種情況下，灰犀牛是可以控制的；破局事件往往是非政治事件。是一個通常被當局當作一般群體事件甚至治安事件進行處理的。但是，當民憤促使事件發展到一定規模時，群體事件就成為政治風潮。在中國，所有獨立的事件到一定規模都會轉為政治。規模即政治，必然政治！第三，破局者不需要是成熟心態的政治人物，至少不會是有影響的人物；有影響的人都被當局看死了。局勢發展會迅速將政治素人轉變為政治人物，許多人會迅速成熟。這極少數人人也不一定是素質好和影響力大的人，他們甚至是政治社會學所說的不起眼的邊緣人。這些人的行動，擊中人們的良知中深深焦慮和憤怒的問題。第四，進團破局者需要的政治素質不是那些考慮周全、思維縝密、謀定而動的成熟領袖，但他們具備另一些街頭行動的素質；他們是果斷機敏、甚至膽大妄為的果敢行動者。他們對現場情緒把握準確，善於以創造性小動作激發大規模民眾情緒，而且善於找到事態發展的突擊點；這些突擊點可以避開當局的鎮壓，卻又可以動員更多的民眾參與，鼓舞士氣。最後，當考慮上述一切後，破局之類的事件似乎是極易發生的偶然事件；好像每天都該發生這樣的事件。每個持續數日的群體事件事實上都具備上述要素。但是，為什麼破局事件又到現在為止看不見呢？其實，六四後中國曾有過幾次可以成為破局事件的，但當局成功控制住了。一個事件是否會破局要取決於當局應對是否一方面成為破局事件的托兒助於破局事件的資訊和情緒的傳播，另一方面是否激怒公眾。如果當局應對有效，就可以轉危為安。此外，破局事件發生時，一般公眾的不滿和危機感應當很普遍強烈。這是破局事件迅速引起公眾共鳴和快速發展的重要條件。也就是說，破局前已經又一些事件發生為破局事件做大規模發展做了必要鋪墊。

中國的破局帶有很大偶然性，雖然使得破局不像想像得那樣那一發生，但確實增加其後發展的難度。圓桌會議是轉型路徑圖三階段中最艱難和最具風險的一個階段。這對於威權政體中反對力量有活動、集結、動員和發展空間的國家問題不是很大。轉型機遇到時，一個長期堅守的反對運動可以成為圓桌會議的中一方的中堅。圓桌會議更像是朝野交接權力的機制。但對於曾經是強人高度集權並封殺反對力量活動空間的國家而言，沒有政治成熟、眾望所歸影響力的反對力量中堅。圓桌會議實際上是在一盤散沙的各種力量間通過談判在叢林狀態中建立憲政秩序。

中國轉型的第三階段也有很大風險。因為新憲法通過艱難談判和衝突磨合達成協議後，一定會有許多模糊而有待後續事件發生後釋憲、修憲澄清。這個過程中，一些實力集團可能因為結果不如人意而推翻憲政確立的新制度。也有在第一次大選完成後，藉口一些問題不承認選舉結果。

總之，中國未來民主轉型路徑圖的最大困境不在破局，破局是必然的。中國破局最大的風險在圓桌會議制憲，由於極權專制暴政摧毀一切政治組織化力量，這使得圓桌會議產生新憲法的過程異常艱難曲折，充滿衝突，甚至可能內戰。即使個中力量經過妥協達成新憲法的協議，這也是脆弱的和平。一旦選舉結果不如某些強勢集團的心意，即使選出新政府，他們還會推翻原有共識。因此，大選行憲。

第五節　中國民主轉型的眞正困境

根據我的知識和經驗，中國精英心中的許多有關政治轉型的困境問題，其實都不是問題。但在精英視野之外，中國確實有兩個困境。這兩個都困境源自中國古老政治文明，妨礙中國憲政民主的轉型。中國政治文明自秦始皇開始就進入一體化階段，也就是極權體制。普天之下，莫非王土，率土之濱，莫非王臣。而西方是中世紀政治秩序解體後，才開始建立現代民族國家。在中國，那些可以獨立於朝廷的各種民間制度化力量都被消滅；能夠存活的都是朝廷許可、忠於朝廷並隨時可以被朝廷取締的力量。而西方還有教會、大學、城邦、行會等獨立的民間組織和制度設施。即使王權管轄的貴族，也是在彼此義務的誓約的基礎上主從關係，不是絕對的主奴關係。由此產生的第一個問題是在中國結束暴政的機制於多元社會不一樣。第二個問題是精英理解憲政的困難導致極權社會極易復辟。

托克維爾在比較美國革命而批判法國革命的討論中，指出法國政治革命的困境在於舊制度中建立絕對王權額過程中消滅了獨立的民間力量。當革命爆發時，就沒有對社會管理有現實感並對後果能負責任的貴族或者獨立的民間力量擔當領導。而那些在舊制度中批判舊制度的知識份子成為社會的意見領袖。當革命爆發時，這些知識份子的意見領袖成為政治領袖。他們不懂管理，常常以抽象理念修理現實，不僅要進行政治革命，而且要解決政治腐敗暴政的社會基礎，對社會進行徹底完全的革命並為此建立極權專制體制，製造大量血腥災難，而且無法解決現實問題，最後革命失敗。而美國革命則是在舊制度中的社會精英領導下進行，他們懂得管理和對問題有現實感。因此革命只是解決政治暴政，建立合理正當的政治程式，為解決其他問題創制程式性條件。中國的情形比法國更壞。因為秦始皇發現知識份子可能會成為批判政權的意見領袖時，就焚書坑儒，造成社會上沒有任何精英可以成為政治領袖。只有江湖人士或流氓地痞才敢造反和反抗。能成為革命領袖的都是在血雨腥風中打出的勝利者。他們憑藉暴力建立政權，又憑藉暴力維持統治。而當暴政變得社會難以忍受時，又有新的流氓式的暴力革命發生。舊朝廷統治下，當然也有民間精英。但是自漢武帝起，這些民間精英就成為皇權的附庸。郡縣制、科舉制等制度成熟後，民間精英基本上就是官僚－地主－知識份子身份合一的士紳階層。這些政治貴族、土地貴族和士紳貴族，在革命中也要遵循流氓造反打開的革命空間的成敗之道，這是叢林中的殘酷無底線的生死搏鬥。因此，中國政權更迭連知識份子這樣的領袖都沒有，而是流氓式的廝殺，領導革命的是流氓式的政治領袖。認清這一點很重要，中國政治變革缺乏和平活動的制度空間和不受暴政監控的交流手段用於動員和傳播革命的資訊。即使那些曾被寄厚望的現代資訊技術也被證明，對於數碼極權主義的暴政監控的功效，遠超過民間反對力量的利用價值。所有變革前的傳播、動員和組織化工作，都是秘密會社方式進行，而革命最初的事件常常在正常社會和法治無力管轄的江湖中發端。那些最易於接納革命想法並可以被組織的力量存在於暴政迫害下邊緣化的群體中。這一點對於中國任何要變革的力量必須了然於胸，至少在革命的發動階段，不能過於依賴精英群體，而要在社會底層下功夫。

由於極權社會的傳統中不存在多元化的社會，中國人很難理解建立在多元社會權力系統上的憲政；而中國傳統政治中為統治社會建立的治理系統，導致知識崇拜基礎上的精英主義，妨礙接受人人平等的民主思想。對於英美這些憲政國家，憲政，是多元社會做出公共決策的制度安排。所謂多元社會是由多個權力系統構成；這些多元權力系統包括教會、大學、公司、各種非政府社團等。國家是這些獨立的權力系統為解決公共決策創造的一種制度化組織形式，這些權力系統是獨立於國家；國家的權力是有限的。英國的憲政，是建立現代民族國家的過程中，保留了這些脫胎於中世紀的多元權力系統。但是，中國早在秦始皇時期就完成統一的集權國家建設，對於這種多元社會和多元政治不理解。這樣的憲政認知的局限，是中國國家主義的思想根源。現實中，會為建立大一統的極權體制提供便利。民主需要的是全民對於同胞的平等權利的尊重和認可，國家是所有人的國家，這一點似乎可以很容易被大家接受。然而，中國崇尚知識的傳統，常常在實踐中賦予知識精英更大權力。而且，他們對於常常在某個實踐或非知識的專業領域中的參與活動，設置不必要的知識的門檻。例如：政治運動，這本來是實踐中的操作，需要的素質結構不同於書本知識。但中國人總是要求承擔領袖職責的人要有很高的知識訓練。缺乏憲政需要的多元社會的政治文化意識，常常導致中國人在遇到重大挑戰時，選擇國家主義的行動方案，打壓個人自由，走向總體社會或者極權社會。在政治史上，精英主義會導致一定的精英專制，但如果在國家主義的氛圍中，極容易走向強人獨裁。未來中國憲政民主如何發育出憲政需要的多元政治系統並培育適宜的政治文化，是一個困境問題。可以預期，中國未來轉型圓桌會議或者大選行憲多災多難導致社會和政治生活長期無序，民眾厭倦後很容易出現舊制度復辟或新強人登場建立新的威權專制甚至極權政體。

第八章　中國民主運動的定位、戰略與行動專案

中國民主轉型人類民主化一樣，要經歷前民主轉型時期、破局、圓桌會議和大選行憲四個階段。中國民主運動要引領和促成中國的民主轉型的健康發展，要在這四個時期中扮演不同的角色，並做好階段間的起承轉合。我在本章首先討論中國民主運動在政治轉型及各階段中的角色和定位，然後討論可行的發展戰略及項目，最後討論中國民主黨的發展與建設。

第一節　民主化中的民運角色

從博弈論的眼光看，民主化不是中共暴政與長期堅守民運的力量之間的博弈，而是一個國家各種力量參與的博弈進程；就民主是所有公民平等參與而言，這在操作和價值兩個層面都也是民主轉型的基本原則。民運的概念有廣義和俠義之分。就民主運動的概念本意而言，民主運動應該是所有參與這場運動的人。民運應該有變動不定的範圍；在轉型前、破局、圓桌會議和大選行憲的各個階段，有不同的參與範圍。轉型前，這個群體人數很少。破局是參與者急劇擴展的階段。圓桌會議時這個國家主要的政治力量的多數應該都參與

了。但大選行憲時，全體公民都有權利和義務參與其中。轉型中的許多力量也不一定擁護民主，只是情勢所迫被裹挾進運動。在目前討論和評估民運時，世人常常將轉型前為民主運動奮鬥的人稱之為民運；在這個俠義的民運概念中，民運是一個特定的政治力量。許多人將中國民主轉型的延滯和不順歸因於准職業化的民主運動的各種問題，但這樣的看法既不公平、也不客觀。就民主運動是建立全民參與的政治制度而言，一個國家的民主運動是全體公民的事業。民運在轉型前的政治博弈中，只能傳播民主理念和促成轉型發生；他們不能對這個民族或者國家整體不接受民主理念承擔責任。那些沒有主動參與者，不僅沒有道義資格和權利指責民運做得好壞，而且應該承擔國家未能進入民主轉型的責任。值得討論的是，民運自己常常以外界的這類指責來反思、自責和自慚形穢，好像國家民主制度真的是他們自己就可以辦好的事業。民運者是自我定位不清，因而誇大自己可以承擔的責任。

一個俠義民運在一個國家的政治轉型中的角色不可能是包打天下，而是引領這個國家走向民主化。具體而言，在轉型發生前，他們讓民主在公眾視野中成為制度變革的選項；當轉型開始後，促成這個國家多數人在與其他選項競爭中，接受憲政民主作為制度安排。第二個任務還可以細化成大規模政治風潮破局、圓桌會議制憲和大選行憲三個階段。簡單地說：中國民運就是要首先要打造一個鮮明、有活力的政治象徵，並為轉型發生時進場參與博弈促成實際民主進程健康發展做準備；然後隨著破局出現機遇出現，因應形勢發展，逐步成為有政綱、有組織、有工作計畫的主導政治力量。

轉型前，中國民主運動有四項工作。首要政治任務就是要讓憲政民主制度作為一個選項，保持在公眾視野中。民運要在公共空間中傳播民主理念，要讓民運的看法進入一切熱點話題和爭論話題。還要製造一些吸引眼球的事件做托兒，提升人們對民運的關注度。要與執政者打擂臺，在所有問題上旗幟鮮明地對執政者說不，並提出民運的看法。打擂臺不僅是真正較量，更是踩著執政者做托兒來彰顯自己。同時，還要做些專業工作，例如重新詮釋歷史，介紹思想、理論和各國經驗。許多專業傳播理念容易躲開思想和資訊控制，為民主化積累勢能。第二，要推動局勢發展。儘管由於被標籤化並被當局控制和民眾誤解、因而不大可能在第一時間出現在破局事件的第一現場做破局者，民運仍然可以抓住可能的公共事件大做文章，推波助瀾，營造危機氣氛，鼓舞人們投入戰鬥。特別要聚焦那些關鍵少數。每個地區或公共事件持續一段時間都會產生一些草根英雄。關心他們的境遇，讚美他們，傳播他們的事蹟[1]，抗議對他們的迫害，為他們提供支持。這些都會成為推動他們投入事件的動力因素。如果有條件，還可以向他們介紹其他國家經驗，進行培訓，提供一些小型活動設備。第三，要在上述工作中，打造政治象徵，並建立組織架構，為破局發生後進場做準備。打造政治象徵，不僅要有政綱，在體制相關的政策層面上打出鮮明的政綱，而且要展現中共腐敗暴政沒有的素質。要有恒心，有信念，有勇氣為國家和人民做出犧牲，承擔使命；並且符合公眾心中期待的中共後的政治選擇。在這方面，民運應當有超前的眼光，不要拘泥於當下的公眾褒貶。要敢於得罪「民意」，為國家擔綱未來，不僅要扛得住政治迫害，也要經得起有局限的民意的誤解。

在破局階段，中國民運應當迅速投入到國內政治博弈中。破局之際，中國會開放言禁、報禁和黨禁，海外的力量儘快回國。民運應當儘快舉辦各種討論會，爭奪全國公共空間中的話語權和影響力，應該聯合或整合各種支持改革的媒體，開辦全國性媒體聯網，建立有影響力的媒體平臺。應當迅速在各地建立政治組織，然後儘快舉行全國代表大會，選舉出全國性政黨。應當建立廣泛的公共關係，人類其他國家的政治史表明，破局後會有一個視窗期，期間的政治局勢極不穩定，國家方向也不明確。此時，一個全國性的組織以堅定明確的聲音為國人指明道路和方向，對於引領局勢健康發展和自身地位的建設有事半功倍的效果。在這個階段，還要廣泛聯絡各界力量，作為推進變革和穩定局勢的助力。一是聯合國際力量，提供必要的輿論、外交、聲勢、資源、經驗和培訓的支持。二是聯繫臺灣和東亞那些懂得大陸政治的國家及地區，進行協商，在對中國未來發展及與他們建設性關係的承諾基礎上要求提供援助。三是建立地方勢力的關係，妥善處理地區組織和其他地方勢力的競爭關係。四是建立與非政治化的專業民間力量的合作關係。還要提出轉型正義問題，推動全國討論；這對於有效壓制舊體制勢力並將其掌控資源為轉型服務有積極作用。在破局階段，民運要善於利用長期堅守民主理念的道義優勢，迅速發展成現實的政治力量，推動局勢發展並穩住作亂因素。中國民運由象徵進入實際政治力量，必須通過政綱、組織與經常專案加大事件突破運作的操作。

在圓桌會議制憲階段。中國民運應當利用過去的積累的智慧資源和國際關係，通過推動國家憲政建設的討論，傳播憲政建設的基本知識和思考問題的基本架構。要組織專門班子，研究並向公眾提出國家憲政建設的設想。憲政是一個各種力量博弈的創制過程。中國民運應當仔細分析各種力量並根據他們的實際情況對他們排隊，確定在未來發展中的不同階段和不同議題上的自己人、友軍、競爭夥伴和政治對手。要深化在破局階段開始的戰略合作關係，深化到具體項目和組織上的合作，要在衝突中共進退培植穩定可靠的關係。如前所述，圓桌會議必定充滿分歧和衝突。根據中國目前道德形勢以及中共垮臺後一般暴政垮臺的經驗，中國的衝突會是各種惡鬥，期間會有各種損招。這不僅不利於合作共識達成憲政安排的協議，而且毒化社會風氣和心態。然而，這是中國民主抓逆行必然要過的坎。

中國民運要利用流亡期間積累的各種內部衝突和惡鬥的經驗，現實分析局勢走向，敢於和善於通過衝突求和平，最終促使新的憲政。為此，要建立專業工作組，就事論事地現實地分析情勢，尋找解決問題的方案。避免情緒衝動或者片面思考造成的困境和死局。在圓桌會議的同時，中國民運要為下一步大選做準備。組建專門工作團隊，邀請專業人員參與工作，開設各種培訓班，深入地方組織建設。

在大選行憲階段。中國民運應當集中精力贏得大選。要合理選擇候選人和配票。要利用各種方式和場合造勢。要按照選戰規則和選民心理，制定選戰策略，設計候選人形象。要乾乾淨淨選舉，在選戰中注意宣導符合憲政要求的文化。第一次選舉後，要在議會中聯絡友党建立立法機構中的民主陣線。要立即提出既是民意強烈關注和要求的問題的議案，推動立法。要說服那些選戰不如意的力量放棄不承認選舉結果的做法。

中國政治轉型起自突發事件，轉型前各界缺乏政治和組織準備，這使得轉型充滿風險和不確定性，但也為中國民運引領轉型提供機遇。作為民主轉型的宣導者，中國民運對民主轉型可謂有先知之明。當轉型發生時，在各界還看不清路向而猶豫彷徨之際，中國民運應當高屋建瓴，振聾發聵地指明中國的機遇、風險、發展方向和具體措施，走在事態發展的每一步的前面。轉型是一個各方面都劇烈變動更換的時期，各種力量興衰更替也會令人眼花繚亂。那些能夠快速崛起、主導局勢力量，是行動力最強的力量。因此，在思想清晰的同時，中國民運要積極投入到實踐中，製造事件，擴展影響，發展組織，爭取打贏選戰。

第二節　中國民主黨的發展與建設

我是在大約十年前完成對於國家政治轉型和民運戰略定位的前述思考的。後來個人不能歸國的境遇的明晰，使我在海外重返職業革命家的定位。儘管中國民運有宏達的戰略定位，但某個人只能選擇具體的組織作為起點和未來事業展開的支點在澳紐和紐約探索兩年後，我開始以中國民主黨作為重新做大民運的起點。

一般看法認為，在海外做中國民主運動不是民運正道，做中國民運既然是引領中國的民主轉型，當然應該在國內做；海外充其量只能為國內民運做些服務工作。這些人誤讀了民主轉型和民運在民主轉型中的有限定位。他們以為，民運是包打中國民主化的天下。但是，對民運的合理和實際的預期應當是：民主轉型是全社會的共同的事業，是主流力量選擇的結果；民運只是一個提出和傳播理念，動員和組織力量推動轉型的一支力量。無論是打造政治象徵，還是動員組織現實力量，以及進行突破性造勢活動，都要求民運有公開活動的自由空間。就此而言，海外的自由民主國家比國內暴政高壓有更好的制度環境和條件。做好中國民主轉型的工作。當然，做好中國民主轉型中的民運工作，民主黨不是唯一的選項。從做政治象徵看，某些專業運作的工作組也許比民主黨更少成本而效果更好。而且，民主政黨是大選戰的大眾黨，是圍繞社會經濟政策分歧、競爭和博弈的政黨。轉型前的政黨都是革命組織，轉型後圍繞著經濟社會政策的爭吵這些政黨會重新分化組合。但是，從推動民主轉型的後續角色看，一個強大的組織團隊和平臺就比一個小圈子更有效。現代政黨越來越強調全民黨的基調，不再走激化社會內部衝突的偏鋒的路子。一個轉型前以民主轉型為使命的黨，可以在轉型後提出解決全民關注全域問題完成向憲政民主政體中的大眾黨的模式轉換。

在海外建立中國民主黨是因為中國迫切需要一個反對黨填補中共垮臺後政治組織的真空，打破極權後惡鬥博弈的創制困境。中共在統治期內消滅獨立的政治組織。當中共垮臺後，會有一個組織真空期，著可能造成亂局叢生、群龍無首的局面。在這樣的局面中開始圓桌會議的創制，將會極其艱難。對於中國的政治轉型，一個強大的反對黨有不可或缺的作用。

根據政治轉型中的民運的戰略定位，中國民主黨要想做好引領中國民主轉型的工作，隨著轉型的發展，不僅要有一個從打造象徵到現實力量的發展過程，而且要有從海外想國內轉移的過程。

在中國民主轉型前的預備期，中國民主黨要做好政治象徵和組織概念。我在主持中國民主黨期間，從操作層面上提出四個方面的工作。一是做好政治象徵。中國民主黨要想影響中國未來，必須要在公眾中建立自己的形象，讓人們知道中國民主黨的政見和資訊，這需要建立傳播機制。傳播機制包括政治發言、社交媒體和公共關係以及各種儀式化事件。打造政治象徵，首先要有經常性政治發言，在與中共打擂臺的意識指導下，對時政話題和未來政治轉型提出批評意見和建設性制度設想。對於政治發言，要不僅要有各種媒體傳播書面的文字陳述的理念和意義，更要有行動。在這方面，中國民主黨具有優勢，因為中國民主黨是但這些資訊不是簡單地文字宣講，而是通過行動建立的。今後中國民主黨更要通過經常性政治活動呈現中國民主黨的理念，還要有創造性的行動突顯中國民主黨的政治存在。二是做好組織發展。中國民主黨的組織發展不僅要在海外建立一支隊伍，而且要在國內建立地區委員會的基本架構。這需要解決好保密安全與組織發展的矛盾。三是做好團隊管理建設，團隊管理建設中最基本的是要有獨立完整的辦公條件，承擔財務、活動道具和檔案方面的管理工作。還要做好隊伍的人心建設。四是做好公共關係。在民主轉型開始前，鮮有重要的力量對於推翻中共的暴政的政黨願意發展操作層面的合作關係。但是，從歷史經驗可知，在轉型前與未來轉型提供實質支持和參與的力量建立某種組織和個人的關係，到轉型開始時，這種關係可以發展成對轉型成敗有影響的公共關係。在轉型發生前，我們不對中國民主黨能發揮的實質作用抱不切實際的期望和做脫離現實的計畫，工作側重點放到讓人們知道中國民主黨的政治存在並為即將到來的轉型中的大發展做好各種條件的準備。

在破局階段，中國民主黨要因應局勢發展雪崩速度，快速在全國各地建立自己的組織，形成中國進入中國最大的政黨行列。根據過去的經驗，黨變局發生時，各地會有許多有抱負、有眼光並且在當地有影響和資源的人到北京尋找領導和全國性組織力量，以謀求在地方發展。中國民主黨要抓住機會在各地迅速建立組織，然後召開全國代表大會，通過政綱和憲章，選舉領導，建立基本幹部隊伍，制定發展計畫。在破局階段，中國民主黨會有兩個戰略機遇的視窗期。第一個視窗期是那些沒有從事政治活動意識、抱負和經驗的破局關鍵事件的政治素人推手，當局勢發展到一定規模時，他們自己也會被局勢震懾，希望有成熟的政治力量介入，引導、組織和推動運動的發展。這是中國民主黨落地入局的最重要的契機。第二個視窗期是破局成功前後，掌管現實政治資源的原體制內力量尋求在新體制中的免於追究責任和佔有新的位置時，願意交出資源給反對陣營的象徵力量，換取新生的機會，或者與反對陣營中的象徵力量結合，形成新的力量，以淡化甚至漂白自己的在民主化眼中的出身原罪。這是中國民主黨獲取有影響時局的各項政治資源和建立地方政權的關鍵時刻。

在圓桌會議階段，中國民主黨要積極促成各界間的討論和交換意見，在其中提出自己的憲政建設方案，並推動各種力量對國家政權建設的看法形成共識。要在各種激烈爭論和博弈的話題上開發各方可以接受的方案，避免談判破裂和制憲進程中斷。在圓桌會議這個轉型中最兇險的階段，中國民主黨要保持對政治的現實主義的情形認識。中國民主黨是一個長期為理念奮鬥的黨，這會養成在任何事後都習慣性地強調理念對現實的修理。在圓桌會議階段，這會影響在複雜的博弈中尋求利益雙贏的共識的機會。此外，中國民主黨還要處理好一個現實的困境問題，通常要避戰尋求妥協的同時，要看到必須進行某些關鍵的衝突並成為勝利者，通過這些關鍵事件，去除某些破壞性力量。

在行憲大選階段，要積極參選，爭取成為最大的執政黨，這樣可以保有足夠的資源，壓制不遵守和不承認選舉結果的力量和做法。即使不是執政黨，也爭取成為有影響的政黨，在各種力量之間斡旋和交換看法，建立政治戰略同盟，引領新生政體的鞏固。要聯絡各界，舉辦各種活動，創造輿論壓力，迫使那些反對或破壞新制度的力量不敢推翻新生憲政制度。

為實現上述的任務，中國民主黨要做好兩方面的建設。在內部建設上，要有一個領導核心，制定計劃，任命人事，發展公共關係，管理財務和檔案，有清醒的管控分歧和衝突的意識和能力。要建設好一個辦公室，為活動提供基本的器材、場地和物資；要外部上要有三個機制：營造政治象徵的機制；理論、政策和政綱的研究和傳播機制；組織發展和活動管理機制。

領導核心的關鍵是處理好兩個問題。一是管控內部分歧和衝突。在這方面，我從臺灣民進黨當年主持工作的負責人那裡獲得過良好的啟示。我們制定了幾項行為規則。例如，每個人都要發毒誓，即使有分歧和衝突也要在內部爭論；到非分裂不能了結時，也要好合好散，和平分手，不能在網上公開討伐對方；有違此誓者，視為中共特務。再如，會議或者內部通訊討論，在不經對方許可時，不得公之於世；因為討論就是通過交換資訊，澄清認知和思考誤區，調整思路，而不是成熟的定論；如果將當事人不成熟的想法洩露出去，就會招致外界的不公正的看法，極易引起意氣用事的紛爭。另一方面要有一個強大中間層工作隊伍，忠於事業和團隊；在高層發生衝突時，守護民主黨的事業和規矩構成的基本盤面，不會因為出現其他團隊主要成員發生惡性衝突時旗倒人散。二是主要成員要有很好的良知，不僅可以制定發展戰略，而且要有足夠的心理承受力，承受各種壓力和困境。我多次說過，主要領導要在心頭抗住四把刀。一是共產黨的迫害和各種陷害抹黑；二是民眾的誤解；三是民間運動間爭取機會的相互傾軋；四是家人的誤解和壓力。中國民主黨有幸在北美建立起這樣一個團隊。

在國內進行組織建設的最大障礙是中共的嚴酷迫害使得任何成熟穩定的政治行動的合作網路都不可能，更無法建立依照明文規定的程式運作的政治組織。海外則有華人普遍疏遠政治的傾向，即使那些捲入政治者，多數是出於利益和鄉愁將愛國和愛黨混淆而敵視民運。好在我們要建立的政治組織是大眾型的行動為中心的組織。這對於參與者沒有什麼進門門檻的限制。我們嘗試著在解決第一代移民的現實問題中聯絡和吸納他們參與中國民主黨的事業。許多人懷疑這些移民參與民主運動的真誠心。其實，那些下決心背井離鄉、飄洋過海到美國的人都是真心自願來的。他們到美國就是因為公正、安全和自由。他們在國內被洗腦意識不到這些都是憲政民主的制度要素。只要告訴他們，他們到美國的理由就是中國民主黨的理由，他們很容易接受民主黨的事業。在草根中或者發展草根力量，是我們建設一個有行動力的組織的成功之處。如果我們能把社區服務這一塊搞起來，將會有更多的機會在草根移民中發展我們的職業。

建立中國民主黨還要解決的問題是如何在青年人中發展力量。而這個問題又跟民主黨如何應用資訊技術提供的平臺相關。這些年輕人不論有多高文化程度，他們的生活和視野高度依賴手機、微信和其他一些社交軟體和媒體；他們生活在這些技術打造的虛擬空間中。不進入這些空間，就無法接觸、理解和動員這些年輕人。因此，熟悉現代資訊技術和音像技術，是在青年中有效傳播的關鍵。中國民主黨要建立自己的播音室和依據社交媒體建立自己的政治活動關係網絡

在最近大陸和香港反抗暴政的政治博弈中，年輕人強調 Bewater 的行動策略。這是利用高科技提供的虛擬空間作為反抗運動的動員、集結和協調力量的平臺。這種去中心化的集體行動策略，可以避免暴政對民間運動的斬首行動造成的毀滅性打擊。Bewater 在轉型啟動前和破局過程中確實有秘密活動的高度組織化的反對力量沒有的生存和發展優勢。而且，即使民主轉型開始後，有一個廣泛的 Bewater 的政治運動和社會運動，可以消解國家主義和精英主義帶來的強人政治復辟的動力。但這不是取消民主政黨的理由。其一，民主轉型是三個前後銜接環環相扣的階段。在圓桌會議制憲和大選行憲的階段，當結社自由和政黨可以公開競爭時，組織化的集體行動會在政治博弈中有優勢。特別是民主的基本要義

是公共決策是多元利益和多樣意見的政治聚合後的決策，本質上就是將 water 凝聚成一個決策的過程。其二，在數碼極權主義的統治下，高科技也為統治者監控民間運動提供傳統專制獨裁統治沒有的有效手段；如果加上網格化管理的嚴密組織化的社會控制以及可以任意濫捕亂抓的員警治國，Bewater 沒有任何優勢。其三，一個強大的反對黨也可以在某個時段、區域和事件中採取 Bewater 的行動策略，可以取得同樣的效果，避免局限。

結語　轉型博弈中的行動者決定民主化成敗

由於事務繁雜，時間緊迫，本書遠沒有達到序言中期許的目的。粗略完成的書稿，只是整理我在實踐中參悟理論的一些思考筆記。

就在我答應寫這部書時到現在，時間過去了三個月。這三個月中，形勢發生急劇的變化，一場巨變正在逼近中國。只有從博弈論的角度，才能準確把握變革的機遇與動力機制所在。外界只從中美關係惡化和新冠病毒大流行導致的內政外交困境理解變局的機遇和動力機制，其實，真正的變局來自中國乃至中共內部因習獨裁產生的惡鬥博弈，而惡鬥會帶來破局的機遇和動力。習近平試圖通過反腐實現全黨姓習，再通過掃黑實現全國姓黨，然後通過一帶一路和創建人類命運共同體實現全球姓中，最後實現他現代天可汗的「中國夢」。習近平這樣的全球個人獨裁的野心，在中國國內和黨內已經逼迫所有力量成為他的對立面，引發激烈血腥的鬥爭和反抗。今天我們看到的各種孤立的突兀和怪異事件，未來真相大白時會是一幅內在緊密關聯的政治博弈圖景，核心就是抵制習近平的獨裁。習獨裁使得過去三十多年共用專制瓜分發展紅利的權貴集團和階層，從現體制中分化出來或者被踢進敵對勢力的陣營。前些年狂飆突起的爆料事件是一個指標，標誌著過去發展中生成的力量，在生死關頭反出體制。這三年中爆料事件成為運動，勾畫出一條原體制內力量從只反奸臣到反昏君暴君乃至體制的演變路線。面對獨裁催生出的強大反對力量，習近平別無選擇地更加強勢鎮壓，他最初為建立獨裁作為要是發展目標的工具的有限暴政，越來越變成維護獨裁安全的無限暴政。這種轉變進一步激化他個人與全國獨立力量和全黨其他山頭的矛盾和鬥爭。當他的獨裁野心及在全球急劇擴張他獨裁操控中國在全球的勢力和影響時，他在新冠大流行中開始招致國際社會強烈反彈，全球正在建立一個名目駁雜地反習大聯盟。在海外，這個聯盟清晰可現的目前只是一部分，更多的力量隱蔽參與或者即將公開參與。而國內黨內則在更加隱蔽和陰暗但也許對習獨裁更致命的地方策劃和展開。中國的破局迫在眉睫！此時，對中國政局及演變需要恰當的視野和視角去觀察，而這應當是博弈論視野中的行動者的視角。我願以個人四十餘年的思考奉獻社會，開啟這一視野和視角。

博弈論視野中行動者的視角，並非沒有局限性。就行動者可以比宏觀觀察者感知決定轉型發生和成敗的博弈而言，博弈論中的行動者有優勢。但從建設一個國家的新憲政角度而言，在博弈中的行動者的視野中有「原罪性」的死角，這就是自身經驗和利益帶來對其他競爭者合理利益的漠視和敵意；這一點特別在極權解體後，因缺乏成熟的公民社會而極易出現的惡鬥博弈中，非常容易成為生死關頭不得已的選擇。如前所述，在任何轉型中，創立新制的圓桌狐疑都是最困難的階段；因為各種利益團體出於特殊境遇不願意放棄自己的既得利益或者讓渡未來可預期的利益而達成必要的妥協。極權統治潰散後的政治社會，因缺乏成熟的獨立力量和公民社會造成的社會原子化的叢林社會，加上釋放出極權壓迫帶來的世代仇恨文化氾濫，很容易造成主要力量相互不信任和先下手為強的惡鬥。博弈論處理這類困境的思路是，囚犯困境中博弈者在重複博弈的不合作的惡果中逐漸學習認知合作的收益，最終接受合作。這個思路沒有考慮到，不合作的惡鬥到一定程度，會導致合作永遠無望。即使最終能達成和解的合作，也是一個可長可短、代價可大可小的過程。一個最終可以達成和解合作和代價較小的創制圓桌會議，需要有參與博弈的主導力量在博弈中合理生存和發展的同時，具有超越自身利益局限的視野視角，參與博弈，創造和解的文化和機會。這是我提出中國民主黨作為博弈參與者的視角的意義。

行文至此，結論呼之欲出：既然大事件中的政治博弈而不是宏觀條件是轉型的關鍵，而博弈者的視野視角是轉型成敗的關鍵，那麼一批符合憲政民主創制需要並最終能勝出博弈的參與者及其行動策略，就是中國政治轉型成敗的至關重要的因素。對於這樣的參與者，需要兼有小智和大智。抱負、技巧和知識是勝出博弈的成敗的小智，大智是堅持超越自身利益局限、以創建包容各種力量的憲政多元體制為目的的仁義之心是大智。在人類最大、也是決定二十一世紀人類政治命運最重要的轉型中，應運而做憲政民主取向的博弈者，是天地人、真善美的必然選擇。

最後強調的是：本文是一個開端，開啟一個學術事業，以博弈視野中一個博弈參與者的視角理解中國未來政治轉型。進一步研究方向可以繼續討論宏觀因素如何影響微觀博弈；也可以是不同於民運的其他博弈者的視角，例如執政者、公民社會類型的社會力量和大眾草根反抗力量；還可以提出民運的不同討論視角，例如革命團體的行動的策略。

附錄

發展模式之爭：民主牆與中國現代化

引言：民主牆研究

今年是民主牆三十周年。民主牆是當代中國民主運動的一個里程碑事件。因此，是中國政治研究的重要內容。中國尚未實現民主化使民主牆研究還無法在大陸進行，但是卻使得民主牆研究有超越政治史研究的現實意義；這種研究是推動民主化的一部分。

研究民主牆有多種角度。從現實角度看，可以研究民主牆的政治訴求、社會根源、政治博弈方式並與其他國家比較、代際政治。從歷史角度，可以研究民主牆運動與民國時期民主運動的傳承關係和行動策略比較。我的研究是想探討民主牆的政治意義：在中華民族重新選擇發展模式的背景中，民主牆的指向和貢獻。

民主牆背景：中國發展模式重新選擇的關鍵時刻

中國作為古老國家，曾經有過世界最成功的發展模式之一。這個以儒家為官方文化的中央集權官僚體制治理的農耕文明，曾經維持了近兩千年。十九世紀西方列強對中國的一席了戰爭，使得中國人意識到，他們的模式落後了，需要更新。然後，需要更新什麼和怎樣更新，中國人有一個認識過程。

洋務運動試圖在中國古老文明框架中引進新的技術、經濟和軍事解決問題，但在甲午之戰敗給日本後，就衰落了。戰敗被認為是日本的制度改革對中國的技術、經濟、軍事改革的勝利。中國進入制度變革期。康有為的領導的維新運動在戊戌年（一八九五）獲得皇帝支持，進行全國變法。這一變法僅存在一〇三天就被政變扼殺了。中國人對制度變革的途徑開始激烈爭論。一部分人繼續主張推動滿清變革，這一派在一九〇〇年獲得新的機會，得到慈禧的支持。一九〇五年日本在中國打敗俄國給了這個變法運動新刺激。清朝進入立憲程式。另一方面，一批海外華人開始嘗試以革命推翻清朝的方式引進新的制度。一九一一年，革命派發動了起義，並在立憲派支持下，完成了中國政治由帝制向共和國的轉型，建立了亞洲第一個共和國。然而，這個共和國沒有穩定運行，經歷了兩次帝制復辟的顛覆。雖然復辟活動都被粉碎，國家卻進入證據動盪的軍閥混戰時期。一批年輕的中國人在文化中尋找第一共和國失敗的教訓，發動新文化運動，對國民進行啟蒙教育。至此，中國人已經認識到，他們需要一個全面的變革，才能走向復興。

國際事件打斷了自一九世紀中葉開始的中國融入世界主流文明的進程。西方早期資本主義的混亂和世界大戰為主體的國際衝突，導致開放的中國人懷疑主流文明的模式。列強對中國的欺淩更是讓中國人萌生尋求新出路的念頭。恰在此時，俄國爆發了共產黨革命，並向中國進行政治滲透。共產黨在中國崛起並通過內戰在一九四九年建立統一的政權。

中國共產黨在五〇年代通過政治迫害對中國進行改造，建立一個極權動員體制。六〇年代開始，中國陷入經濟和政治災難中。數千萬人死亡，整個國家沒有溫飽，政治迫害波及上億人。到七〇年代中葉，最初追隨毛澤東的年輕人，出於對政治運動的反感，在北京百萬人參加的抗議活動。此時，連資深共產黨領袖都知道，中國探索需要新的發展模式。

一九七六年秋毛澤東病逝以及激進毛派被抓，給中國各種力量一個機會，探索中國的新出路。黨內陳雲和鄧小平為首的資深共產黨人與溫和毛派華國鋒和汪東興爭取中共組織和路線的領導權的同時，民主牆興起了。黨內鬥爭與民間社會的衝突交織，形成中國人探索毛澤東之後的中國發展模式的大辯論。

政治光譜上的定位：全面發展與自由民主化在毛後中國發展模式之爭中，形成了新的政治光譜。

毛後中國共產黨內先是激進毛派與溫和毛派展開了殊死鬥爭。以溫和毛派的抓捕「四人幫」而告結束。接著圍繞著要不要繼承毛的遺產，溫和毛派與資深中共領袖發生衝突。前者被稱為凡是派，維護毛的所有決策。後者被稱為實踐派，認為應當由實踐決定是否採納毛的路線。到一九七八年底，實踐派基本掌握思想、組織和政治路線的主導權。接著，實踐派發生分化，一部分領導在否毛澤東後，要回到文革前的路線，一個史達林主義的變種，他們被叫做「還原派」陳雲是他們的旗幟領袖。另一些領導，鄧小平為首的，認為國際國內形勢變了，舊路走不通；而且從發展角度看，資本主義對蘇聯社會主義陣營更成功；因此，中國應當改革並對資本主義世界開放。他們被稱為改革派。改革派內部，也有不同派別。鄧小平的改革是為了發展經濟，因此只改革經濟和影響經濟的社會政治，政治改革限於行政系統。這是有限改革派。胡耀邦和趙紫陽等主張，中國的發展應該是全面學習先進國家，應當有包括意識形態和政治體制在內的全面改革。這是全面改革派。

在理解毛澤東之後的中國發展模式的爭論中，有三條思路理解和定位中國發展，第一是國際共產主義運動面臨困境要尋找新的出路。這條思路就是探索中國式的社會主義道路，怎樣在改革和開放中如何堅持共產黨領導的社會主義。第二條思路是科技革命和工業革命引導社會變遷，這條思路把社會看作一個包括政治、經濟、社會和文化在內的系統，當一個方面劇烈變化時，其他方面要有相應的變化。第三條思路是，人類各種文明在中國交匯形成新的文明發展格局。這條思路強調中國在繼承、恢復和借鑒中，開拓自己的融入還是拒絕普世價值的路。

在這樣的政治光譜中，民主牆的取向是全面改革和從人類文明融合的角度理解中國發展模式。在溫和毛派與激進毛派的鬥爭中，民主牆支持溫和毛派。在凡是派與實踐派的鬥爭中，民主牆支持實踐派。在改革派與還原派的鬥爭中，民主牆支持改革派。在有限改革派與全面改革派的鬥爭中，民主牆支持全面改革派。而且他們是鮮明和徹底的全面改革派。

民主牆的構成：民間爲本與紅衛兵一代

在中國辯論毛後發展模式時，民主牆堅決主張融入體現人類主流文明價值，對中國進行全面改革。其成分可以從政治體制定位、代際政治學和思潮派別三個角度研究。

民主牆是中國民間推動民主化的運動。五〇年代前期，中共在公有化改造經濟中消滅了民間獨立資源後，又在一九五七年通過政治運動消滅了中國民間獨立的政治力量。文化大革命後期，對毛澤東革命失望的年輕人中，重新出現獨立的思想運動。這種獨立的思想運動在一九七六年四五運動中變成政治運動。民主牆則是試圖將這種非制度化的獨立民間運動變成經常性、制度化和公開的獨立民間政治社會。七〇年代末期，雖然中國黨政系統內部也發育出一些獨立的思想交往網路，但是還是受到黨政紀律和執政核心的政策搖擺的限制。民主牆則是公開、鮮明和徹底地獨立於黨政控制機制。在交通要道上的公共場地張貼大字報、民辦刊物和小型集會，是民主牆

民主牆的主體是所謂紅衛兵一代人。這代人生長在共產黨執政後。在文化大革命中追隨毛澤東推翻共產黨和政府，建立一個革命中產生的領導管理體制。在這個過程中他們開

始尋求黨教育之外的真理。上山下鄉運動將他們投入到極端困苦的生活環境和幾乎沒有控制機制的思想環境中，他們開始反思革命的後果。副統帥林彪元帥出逃的事件震驚了他們每個人，他們開始獨立於領袖的思考。一九七六年的四五運動表明他們政治上成熟到反抗毛澤東的革命。四人幫粉碎後，他們強烈地期盼並努力改變毛澤東的政治運動帶給他們的悲慘境地。民主牆是他們表達訴求的管道。

民主牆上的文章大體有三類。第一類是上訪反映個人冤情的。這些訴求占了民主牆大多數大字報。這些冤情是根據中共撥亂反正、糾正歷史失誤，要求解決被地方黨政領導壓著不平反的案件。選擇民主牆上申訴案件，不僅是想要解決個人的問題，而且是渴盼民主牆成為一個民間訴求表達的管道。第二類是對國家改革和人事政策發表看法的。這些議政的矛頭，主要是針對中共政壇上的派別鬥爭及其中的話題表態，支援那些推動中共變化的派別。在民主牆鼎盛時期，最主要的矛頭是對著凡是派，支持實踐派批毛、平反冤假錯案和改革開放。第三類是宣傳自由民主理念普適價值理念的。這類文章呼籲引進國際人權標準，建立自由民主政體，鬥爭矛頭直指中國共產黨建政後的基本制度和政治實踐。

深遠的影響：進步

民主牆在高峰期，對恢復高考後進校的大學生就有影響。各校都有學生接觸民主牆活躍人士和刊物後，進入中國民主運動。後來這些人成為校園民主的主要推手。一九八〇年中國進行選舉制度改革，在區縣人民代表直選中，准許實質上的競選。民主牆的參與者和被影響者，是競選活動高校和其他地區選舉的重要參與者。

與民主牆同時，還有編制在體制內，但是思想傾向在體制外的一些知識份子和文化人運動。這些運動也深受民主牆影響。一個很好的例子是《今天》雜誌和朦朧詩對文學界的影響。另一個例子是星星美展對藝術界的影響。在七〇年代和八〇年代之交的傷痕文學，也深受民主牆的影響。

與民主牆同時，中共體制內有思想解放運動和改革運動，這些也都受大民主牆的影響。可以說，今天中國政壇上的朝野的領軍人物都曾受到民主牆的影響。

到八〇年代中期，隨著經濟體制改革釋放出民間佔有獨立資源的空間，中國民間運動有了新的發展。新啟蒙運動都與民主牆有千絲萬縷的聯繫。其中，《走向未來》叢書是民主牆時期的活躍人物辦的。北京社會經濟科學研究所集團，是當年北京民主牆的《北京之春》和《沃土》的主力。

八〇年代後期的學潮和一九八九年民主運動也有民主牆時期的骨幹的影響和操作。

在後八九的民間運動和反對運動中，民主牆參與者更加活躍，因為他們都結束了長期服刑。從請願，到建設性反對派，到民主黨，再到〇八憲章，都有民主牆的骨幹的參與和影響。

民主牆：未完成的任務

一九八九年的鎮壓使得中國共產黨的執政有了新的機會，在全球化、市場化和資訊化的改革中，中國執政者保持了一個快速的發展。然而，這個發展的成果沒有被各階層公平分享；腐敗、黑社會化地方政權濫用暴力、貧富差距等問題嚴重困擾著社會。各種社會問題日趨嚴重。在回應各種問題而自組織的中國民間運動，都深深感到挫折和無能為力，一個改革政治體制的呼聲日漸強烈。中國民間運動正在磨合。可能會形成新的潮流，衝擊早就備受爭議的政治體制。

在這樣的情勢下，年輕一代成長起來了。他們正在開掘、反思和咀嚼過去的民間運動的經驗和教訓，民主牆因此而有了新的意義和機會。

（本文根據二〇〇八年一二月布拉格研討民主牆的發言提綱整理而成，為會議文集所做）

怎樣才能把中國搞得天下大亂

「坑灰漫灑天下亂，劉項成於不讀書！」漢源事件與短期內其他突發事件一道，震動了海內外關心中國政局穩定的人的心。人們關注事態發展的同時，更關心這個事件對於中國政局穩定的意義。有評論家引古訓「天下未亂蜀先亂」警告國人，中國已經大亂在即。但主流精英似乎對此不以為然；他們認為漢源事件不過是快速現代化進程中經常出現的問題，可以控制並會隨著發展而被消化。

我認為，雖然漢源事件不是天下已經大亂的前奏，但確實可以視為走向天下大亂的徵兆；而能否避免天下大亂要看國人如何解讀漢源事件的意義以及如何採取措施避免大亂；在所有導致漢源事件繼續演變為大亂的因素中，最重要的是統治者對於政治異端的鎮壓和精英對於民眾不滿情緒的冷漠和麻木；避免天下大亂的唯一途徑是改革政治體制，建立公開公正的政治決策程式。

天下大亂機制之一：強秦暴亡的教訓

理解漢源事件對於天下大亂的意義，應當首先找到天下大亂的過程和機制。
天下大亂並不容易。無論是李闖王，還是毛澤東，都經過艱苦卓絕的鬥爭，還要加上天湊機緣的內憂外患，才能真正搞亂天下。即使如此，真正導致天下大亂的秘訣也不在造反者一方，而在於統治者的胡作非為。

在理解非民主政體的天下大亂的智慧中，中國古代的智慧最到位；這是早就從強秦暴亡中得出的政治教訓。

強秦本是中華民族政治圈中邊緣小酋，靠國家強制推行變法，建立高度集權專制政體，統一人民意志和行動，增強國力，從而最終統一中國。秦始皇由此堅信暴政是國家強大和穩定的充分條件。當儒生對他指出問題並提出改進治國建議時，他認為天下本來大治，唯一問題是這些儒生的思想不認同秦政所發出的噪音；只要消滅這些噪音，天下就徹底太平了；而消滅噪音的方法很簡單，就是消滅噪音的載體。於是，他借清理方士案件和馬古坑儒殺了一千餘名當時碩儒，並在全國範圍焚燒詩書，棄智絕學。

然而，秦始皇的「焚書坑儒」並沒有如願維持穩定。他死後次年，陳勝吳廣起義。他死後第三年，項羽在巨鹿打敗秦軍，並坑殺投降秦卒二十多萬。他死後第四年，劉邦攻入咸陽，秦朝滅亡。漢初幾代君主認真思考強秦二世而亡的教訓，逐步建立一套容納異議的政治體制，從而使得所有可能的政策選擇都可以在體制內表達和競爭，以確保統治者執政不犯致命錯誤，或者可以及時糾正致命過失。其後，凡開明容納異議競爭，王朝就得以延續；凡暴虐鎮壓異議，王朝就被顛覆滅亡。

一九八九年我在秦城監獄向審理我案件的預審員講解焚書坑儒的教訓，統治者以為殺掉講理的反對者就可以維持天下太平；但因為問題不是講理的製造出來的，殺掉講理的只會使得問題更不能解決，從而還會有人來要解決問題；講理的被殺被禁，下一次來找你的就是不講理的；誠如後人譏諷秦始皇的詩曰：「坑灰未冷山東亂，劉項原來不讀書。」當不講理的來時，統治者的後果會更慘；當年（西元前二一二年）秦始皇殺掉一千左右的講理者，導致的政治後果是秦朝喪失自我調節機會，五年後（西元前 二〇七年）項羽坑殺二十多萬秦卒——幾乎是一條儒生的命導致二〇〇秦卒喪命。

記得一九八九年時，陳希同在向人大做的報告中說，八九民運有計劃成功後殺五千萬中共黨員；這是欺騙國家最高權力機關的誣陷，因為胡耀邦和趙紫陽都是中共內部的改革派。然而，我對預審員預言，如果統治者堅持暴力鎮壓和平理性的改革訴求，那麼下一步中國人會通過暴力解決問題，那時才是天下大亂，共產黨人將真可能面臨嚴厲的報應。

我解讀暴秦兩世而亡的教訓是，第一，理性討論的異端不會導致天下大亂，只會使問題和平解決；通過理性討論，政策和政府乃至制度根據現實和民意和平調整和更換。第二，天下大亂是只認實力、不講道理的劉項所為。第三，禁止和鎮壓理性討論問題的思想異端就是通向天下大亂的必由之路，通過消滅理性異端，堵死和平解決問題的出路，使人們不相信理性和平方式，只迷信暴力是唯一解決方式；人們堅信天下不能通過講理解決問題之際，就是劉項起事之時。最後，當劉項踏著殉道的講理者屍骨來向統治者討還公道時，統治者面對的後果會更慘！因此，我妄改唐詩為「坑灰漫灑天下亂，劉項成於不讀書。」以此作為怎樣才能讓中國天下大亂的的秘訣。這裡，「坑灰」意味著鎮壓和平理性的異端，劉、項是天下大亂的推動者，不讀書就是不相信理性。天下大亂的機制就是，鎮壓和平理性的異端，杜絕國人對和平理性解決問題的希望，不滿民眾只有對抗造反，然後天下走向大亂。

天下大亂的機制之二：現代化發展中的不穩定

歷史表明，鄧小平和江澤民不僅拒絕西方政治制度文明中的智慧，而且不相信或不懂中國古代專制政治智慧。與秦始皇相同，鄧、江以為，政局是被講理的異端思想弄亂的，因此，他們封殺異端政治發展空間；秦始皇不同，鄧、江並不純粹迷信暴力，而是以為，只要發展經濟，就可以繼續鎮壓和禁止異端思想，維持穩定。然而，中國雖然維持發展，但卻是畸形病態的發展，伴隨著腐敗、不公和道德淪喪。

天下大亂有兩種模式，一種是暴秦後的大亂，是革命性大亂；只要統治者殘酷盤剝壓榨人民，使民眾無法生活，就逼人民造反。

還有一種是和平演變逐漸演變成大亂。這種模式在人類現代化進程中有不少案例。在國家沒有發展時，天下「太平」，政局也「穩定」。但快速發展導致人們思想和利益關係急劇變化，由於缺乏及時的政策、政府和制度調整，人們的不滿積累而又不能理性和平實現願望，開始發展到與政府對抗，隨著問題深化和不滿增加，對抗也升級和擴展，最後釀成天下大亂。

因此，快速現代化雖然不必然導致政局穩定，卻可能是不穩定根源，因為現代化會產生許多社會管理和協調的問題。當然，現代化及其產生的問題也不一定必然導致天下大亂，關鍵是快速發展的社會能否及時成功地應對和化解問題。而能否及時妥當的應對又取決於社會能否提供空間給正常的理性批評和開發替代方案以及和平調整政策、政府和制度。如果執政者封殺這樣的空間，問題和不滿就會逐漸和平演變成天下大亂。

在和平演變天下大亂的模式機制中，類似於「焚書坑儒」的杜絕理性批判和尋求替代方案，也是天下大亂的必由之路。還是「坑灰漫灑天下亂，劉項成於不讀書！」

經濟學提供了一個有局限的視野審視發展與穩定的關係。當發展是帕累托增長，即給社會多數人帶來收益但不使其他人惡化時，發展有助於社會穩定。當發展是卡爾多增長，即導致多數人改善但一個不容忽視的少數惡化時，發展可能產生不穩定。前天津經濟開發區主任、現劍橋大學中國經濟中心主任張煒先生在一篇文章中提出一種增長格局（張煒增長），當發展使少數人改善但多數人惡化時，發展極可能造成不穩定。

社會學對發展與穩定的看法更複雜。美國有個著名的社會學研究課題是關於美軍中升遷與滿意的分析。研究發現，儘管海外駐軍平均升遷比國內駐軍快，但人心更不滿，因為期望值和對升遷標準以及升遷機會分配有不同意見的可能來源更多。因此，即使多數從發展中得到好處，反而更可能導致不滿和不穩定。

政治學有專門研究政治發展的分支，其中對於第三世界快速現代化的政治不穩定分析甚至導致「發展綜合症」的概念的提出。

滿清和民國覆亡中，我們都能發現這樣的和平演變大亂機制在起作用；清末和民國期間中國的現代化速度都不差，而且甚至清末和民國政府還因應民意改革了政治制度，但終於因為不能提供足夠的自我調整空間而最後導致天下大亂。

由上述分析可知，和平演變天下大亂的模式的關鍵是三個環節：第一，有發展，使得大亂不會馬上發生；第二，不公正導致增長越來越與民眾利益無關並且導致日益嚴重的民眾不滿；第三，封殺所有和平尋求另外發展的可能空間，使得國人民眾對和平理性解決問題沒有信心，轉而迷信暴力，從而使對抗性民變成為唯一的和必然的結局。

其中，關鍵仍然是鎮壓和平理性的異端，杜絕和平更換調整政策、執政者和制度的可能和民眾對此期盼，由此天下更容易大亂。

中國的情形與漢源事件的政治意義

這也是目前中國的情形。二〇〇二年十六大前夕，有兩份對時局評估的報告引起國人重視。胡鞍鋼、王紹光和丁元竹三位先生指出中國已經出現嚴重發展問題並可能危及政治穩定。他們其實希望新領導能採取適當措施解決或至少緩解問題給人民造成的痛苦。康曉光先生則認為，這些問題不會影響穩定，因為問題成因之一是政治精英、經濟精英和知識精英結成的鐵三角同盟，而這個同盟可以鎮壓一切反抗和封殺一切替代性可能。

由這兩份報告引發一批學者聚首哥倫比亞大學討論中國的時局。研討會上，專家們對於局勢嚴峻、穩定前景和可能出路的看法嚴重分歧。我的一位老友以民意調查結果為證據說，中國不會出現大亂，因為陳勝吳廣都在深圳打工發財呢。由於他是在中美兩國最好學校受過訓練並且在美國前十名大學執教的終身教授，還是民調研究中國政治的最好專家，我不能輕易懷疑他的結論。然而，就在去年，哥倫比亞大學邀請一位中國社科院研究員、長年追蹤調查湖南農民抗議運動的學者介紹他的研究成果，其關於中國底層的圖像與我的老友的結論恰恰相反。中國農民不僅在反抗、而且反抗已經道德化和組織化；基層政權已經是被組織起來的農民視作敵人；當高層不用兵時，基層政權只能勾結黑社會鎮壓農民；而農民的領袖是復員軍人。農民領袖告訴他，陳勝吳廣並沒有去深圳打工，只是在冷兵器時代「斬木難以為兵，揭竿不能為旗」，只好採取「對高層上訪，在基層對抗」造反戰略。這位學者的看法得到許多在基層工作的幹部和調研的專家的支援。

現在，漢源事件，與其他事件一道，正在給當年的這場爭論作結論，而這也就是漢源事件的政治意義。中國的病態發展確實導致許多問題並且引起相當多數人民的不滿，腐敗、不公和道德淪喪成因於鄧小平的改革思路，深化惡化於江澤民的執政，而他們對於理性異端的鎮壓和對於可能的替代力量和前景的封殺使得人們逐漸不相信和平解決問題可能，從而選擇對抗鬥爭來爭取解決，宣洩情緒和報復迫害。漢源事件表明，這種對抗性鬥爭的激烈程度正在急劇升級和規模正在迅速擴大，如果問題繼續惡化、對抗繼續發展，中國就會天下大亂。因此，我稱漢源事件是走向天下大亂的徵兆。

當然，徵兆不一定成為現實。天下大亂其實並不容易；關鍵是能否重視徵兆，從而採取適宜的措施，化解危機。正是在這一點上，我看到最大的導致危機的因素：統治者繼續「焚書坑儒」，而精英對於民眾日益增強的不滿和反抗報以輕蔑、麻木和不以為然的態度。

如何解決問題，化解危機？康曉光先生提出以行政替代政治方式作為出路解決問題，即加強改善政府能力和作為、但回避政治自由化和民主化。這似乎與胡溫拒絕西方民主、加強執政能力的說法相合。

胡溫不像鄧江，是看到問題而且看重問題的，他們想靠黨和政府解決問題。但是，中國目前全部問題是政府造成的，不能解決問題也是各級政府在抵制和應付；靠黨和政府改善自己來解決問題的措施，其實是企圖靠問題解決問題；其實際後果是繼續強化黨和政府的權力，這是增加、深化和惡化問題。

解決問題的唯一出路是依靠不滿的民眾監督、揭露、批判和改革黨和政府。但這不能是無法治的群眾運動，而應當改革通過政治體制，建立穩定可靠公開嚴謹的程式來實現。

腐敗只有公開的言論和出版自由才能監督，只有獨立的司法審判才能有效懲辦，只有定期公開自由選舉領導才能及時制止。機會與財富分配的不公只有在選票說話時才能得到有效的約束。道德淪喪只有在政府廉潔和獨立的公民社會中才能被扭轉。前中共總書記趙紫陽早在一九八九年就看到，一黨專制不能治理腐敗，應當引進多黨制才行。

鄧江和胡溫可以繼續持有糊塗看法，是與他們在精英圈中沒有遇到有效的挑戰有關。中國目前的精英主流確實如康曉光先生所描繪的支持或默認威權政府對於理性異端的鎮壓，對於存在的問題和由此導致的民眾的痛苦和不滿，他們麻木冷漠和不屑一顧。世故的中國精英不是不知道「焚書坑儒」的歷史教訓，而是有幾個看法妨礙他們認識問題的嚴重。

第一個看法是混淆了發展與不穩定的關係，以為發展就一定穩定。我前面已經討論過經濟學、社會學和政治學關於發展中的不穩定的理論。在某些情形中，發展不僅不支持穩定，而且就是不穩定的根源。

第二，他們認為，中國人現在能有基本溫飽，不像當年的大亂天下的起義農民沒飯吃，被迫造反。確實，對於來自毛澤東時代的人，吃飽飯就不會造反。然而，對於現代化和後現代時代的人，溫飽不是唯一導致不滿和對抗的原因。其實，即使在古代社會，造反者也不都是沒飯吃；那些流民有些是有地不種，想要更多的機會。今天更是如此，共產黨的宣傳、交通通訊影視和外出打工經歷以及各種困擾問題，使得原來安分的人們對於生活和命運有了新的期望和理解；對於自己的狀況不再滿意，甚至憤怒。相反，那些真正扶貧物件卻還比較安定。

第三，他們認為，目前沒有替代共產黨的執政力量，因此共產黨會繼續執政。且不說，破局後的替代的執政力量既可以是中共內部的力量，也可以是中共分化出的力量。即使體制內外都沒有替代力量，該破局的還是要破局，不過後果是天下大亂。就像即使沒有醫生，該生病還是要生病，無非是病重不治而亡。由於政治封殺使得中國不能存在和平理性的替代力量和方案，這才是導致天下大亂的最可靠方式。因為只要有理性批評討論，就可以揭示問題，就可以發現替代方案；問題可以通過調整政策和改革制度解決，即使統治者拒絕，也可以通過和平更換政府實現新的得人心的方案。

不容樂觀的前景

綜上所述，搞亂天下不容易，但也不難。在目前情況下，使得中國馬上大亂，就是按照毛澤東的方式，既不給人民溫飽，又殘酷鎮壓。但如果想要中國和平漸進走向大亂，就是按照鄧小平的方式，快速發展經濟，不顧社會正義，導致民眾不滿，再鎮壓異端，消滅和平開發替代性思想和力量的機會；然後再加上江澤民的方式，深化腐敗、不公和道德淪喪，將發展由帕累托增長變為卡爾多增長，再變成張煒增長，同時繼續封殺另外的和平選擇空間，並胡弄乃至鎮壓民眾不滿的表達，使得民眾對和平理性解決問題不報希望，轉而尋求對抗方式宣洩情緒和報復官員。至於是否最後和平演變成大亂局面，還要看胡溫是繼續鄧江路線，還是開放空間給和平理性的異端，開發替代性方案和力量，以使中國能及時調整政策、政府和制度，緩解民憤，化解危機。

問題是，目前看不出胡溫有視野、有決心和有行動，在正確的軌道上解決問題。他們一方面不能有效糾正鄧江兩朝的問題，另一方面繼續迷信暴力，強化鎮壓，控制局勢。

中國主流精英最糊塗的看法，就是把中國執政者造成的最大罪惡和危險，即消滅一切替代方案可能、使得天下大亂成為唯一結局，作為天下不會大亂的理由和預防大亂的有效必要措施，從而支持執政者沿著和平演變漸進大亂的路子穩步惡化問題，加劇民眾不滿，鎮壓和封殺替代可能，使民眾對和平理性不報希望，從而擴大和升級對抗，最終導致天下大亂。

拜倫詩曰：「冬天到了，難道春天還會遠嗎？」漢源事件則在扣問國人心智：坑灰正在漫灑，難道劉項能不來嗎？

《北京之春》二〇〇四年一二月

中國民主轉型路徑圖與民間運動行動策略選擇

我今天討論的主題是中國政治轉型路徑圖。這個問題本來並不複雜，但在中國圈子中卻激烈爭論，看法很混亂。混亂的根源在於我們對人類政治經驗和科學缺乏起碼的知識。我們都在討論中國未來轉型，但是幾乎所有的討論，除王天成的研究外，都是談自己的意見或願望，不是科學的預見。什麼革命與改良，什麼暴力與和平，什麼法治與動亂，什麼民粹與精英，好像一場民主取向的政治變革可以隨心所欲。人類已經發生一百多場民主轉型，中華文化圈中也有過幾次成功或不成功的民主革命。我們應當對這些經驗有基本的瞭解，再預測未來，定位自己的角色，制定自己的行動策略。今天，我想基於人類已有的轉型經驗提出一個模式，討論其在中國應用的細節，然後討論我們應有的定位與行動策略。

民主轉型的條件

民主轉型是怎樣發生的？儘管人類社會意識到民主政體存在已有近兩千年歷史，但真正思考這個問題是近三百年的事情。

啟蒙時代的學者在自然法的語境中討論認為，只要人們認識到民主政體的合理性和自然性，就會接受這個政體。馬克思則認為，民主政體的建立是一定的利益需要和鬥爭的結果，雖然這種利益結構的產生是生產力的必然結果。

啟蒙學者的認識在現實中遇到挫折。十九世紀後期建立的憲政政體和民主政體，在二十世紀被顛覆。人類兩次世界大戰後反思這個問題恰逢科學主義在社會研究和人文研究中興起，人們開始追問導致民主建立和顛覆的條件是什麼。根據科學方法，自稱為政治科學家的人們試圖通過對已有民主轉型的比較分析，尋找那些影響因變數民主化的引數。被提出的這些宏觀條件包括社會經濟發展水準、社會結構、轉型期的社會力量間動態關係、文化與政治文化、歷史遺產及國際條件。

當科學主義在政治研究中如日中天之際，二十世紀七十年代一位政治學者羅斯托提出應當區分民主轉型成功的條件與民主轉型啟動的條件。民主轉型成功的條件是那些剛列舉出的宏觀因素，但民主轉型的啟動條件不是，他認為這些啟動轉型的動力因素是政治參與者的願望和他們參與行動之間的互動。就在羅斯托提出這一開創新研究的觀點不久，南歐和南美開始一系列民主轉型。這些轉型印證了羅斯托的觀點。二十世紀八十年代中期，一批出身南歐和南美的政治學者在美國對這些轉型進行了系統研究，從各個角度完善了有關轉型的啟動理論。轉型發生不是宏觀因素決定的，而是參與者的選擇以及他們選擇的行動間的互動決定的。那時已經興起的博弈論為研究和表述轉型啟動提供了新的方法。普沃斯基在他的總結性研究中提出，那些曾被認為是決定民主轉型的宏觀因素只是影響轉型的概率的因素，這些影響轉型的因素對於預測某個民主轉型是否發生及成敗沒有決定性的意義。八十年代後期，民主轉型迅速席捲亞洲、前蘇聯和東歐及非洲，被稱為第三波民主化浪潮。亨廷頓在他那本著名的《第三波》書中系統地討論這些轉型的方方面面，轉型在所有文化和經濟發展水準中都發生了。

民主轉型的動態過程

根據新興的轉型理論，民主轉型是在微觀層面上政治參與者之間的行動互動造成的。一般有兩個階段：自由化和民主化。自由化是統治者啟動的。統治者出於不同的動機，鬆動言論控制，重新評價歷史事件，釋放政治犯，並主導公開討論一些政治問題。自由化導致參與熱情高漲，被壓制的多元意見開始表達，人們並不局限於統治者的期望僅僅討論政策問題，而且對人事提出看法。然後，又以更大規模和更直接的行動，要求變革政體。政治轉型進入民主化階段。民主化中，面對民眾壓力的統治集團開始分化，一些保守和強硬的政治勢力想鎮壓新興力量及其訴求，而另一些開明和進步力量則反對鎮壓並想通過制度改革來正面回應民眾要求。另一方面，民間力量內部也激烈爭論，是正面回應統治集團中改革派的姿態，並與統治集團改革派良性互動，推動政體進一步開放和轉型，還是拒絕合作，徹底推翻專制統治，並追究過去暴政治理的罪責。在執政者改革派與民間反對運動的溫和理性派良性互動，將朝野陣營中的激進派邊緣化後，民主轉型將是一個和平開放過程。但如果朝野都被鷹派主導，就成為政府與民眾的對決。結果或者是鎮壓，或者是革命建立新的民主政權，或者是混亂和內戰。

在這個轉型理論中，轉型的時機一般發生在統治集團的合法性削弱甚至出現危機的時候。兩種情況很普遍。一是治理出現重大失誤。最普遍的情形是經濟危機和戰敗。此時人們更容易憤怒地認為，現有統治集團及其政策和體制不再能解決問題，還會追究他們上臺和形成時期的種種不道德問題。統治集團內部也圍繞誰承擔責任和怎樣解決問題發生分歧。二是最高權力繼承關頭。原有核心政治強人死亡，圍繞誰即位各派大打出手，相互揭底，甚至動員民意支持。轉型不大會發生在風調雨順、政通人和的時候，不太可能是居安思危或有心向善的開創歷史的舉措。當然，也有少數案例是，執政者權力穩定，想獲得國內外更好評價，擺出開明姿態的姿態。

新轉型理論在解釋轉型參與者動機採取的理論與現代社會科學（經濟學、社會學和政治學）一樣，是馬基雅維利模式。政治參與者大都不是追求美好高尚的理念，而是追求自己的利益，但這種追求是理性的。當代社會科學使用偏好一詞解釋動機。任何高尚理念背後或其基礎都有利益因素；任何赤裸裸的利益也都需要觀念界定其正當性。偏好一詞綜合利益與觀念。轉型動機主要是參與者在主觀偏好支配下根據情勢及對其他參與者行動評估後做出的理性選擇。民主不過是爭權奪利的規則，政治家爭權，老百姓奪利，民主提供了對所有參與者而言更公正的機會，因此會有最大的支持者。

自由化的過程因為起點和制約條件多樣而各國的情況複雜不一。但民主化的演進過程則有規律性特點。一般是三個階段。第一階段是大規模政治風潮要求政體變革。啟動風潮的可以是政治事件，也可以是非政治事件隨著統治者應對失誤轉為政治事件。政治風潮撕裂統治集團，開明派或改革派站出來與政治風潮中的民間運動領袖互動。當統治集團改革派占上風宣佈政改或者軍隊承諾不參與鎮壓時，第一階段就結束。第二階段是各派圓桌會議制憲。這些派別有執掌實權的執政集團內部的改革派，有原有反對運動中被迫害的象徵性人物和當下政治風潮中的新興領袖，有制度化的組織的領導和民間意見意見領袖，有享有聲望的專業人士，還可能有國際組織和力量的代表和專家。圓桌會議設計新的憲政結構、安排大選、制定新舊體制過渡方案和權力交接程式。第三階段是產生新政府。主要是開放黨派登記，舉行大選，新政府就職。在三個階段中，最難的不是啟動轉型，而是圓桌會議。如果各派不能就國家憲政結構達成共識協定，就會長期政局不穩，衝突不斷，甚至政權解體，國家陷入內戰。專桌會議，就是執政集團內部的改革派與民間反對運動中的理性建設派良性互動，將雙方陣營中的激進派邊緣化。

新轉型理論出現後迅速成為美國比較政治學的主流學派。但這個學派的一些觀點也一直受到質疑和檢驗。其中最重要的批評是過分強調轉型中精英的決定性作用和非暴力理性的條件。南非的事例表明，草根工人運動及暴力行動策略在政體轉型中作用重大。而草根民眾在大規模政治風潮的作用更是決定性的。儘管第三波民主化中轉型普遍是和平的，民間領袖堅守非暴力行動原則，但在不少轉型中，底層民眾以暴力回擊威懾暴力鎮壓，對削弱保守派、動員社會同情、分化統治集團、抵制強硬派鎮壓起到重大作用。阿拉伯之春中的民眾暴力抗暴與第一、二兩波民主化的暴力革命都表明，轉型進程中不捲入暴力因素還遠不是普遍規則。

中國人的理解誤區

比較人類有關政治轉型的經驗和智慧，中國人的理解中有如下誤區。

第一個誤區是轉型的條件。較高的經濟社會發展水準、強大的中產階層、發達的公民社會、高水準的文化教育、適宜的公民文化，既不是轉型發生和成敗的必要條件，也不是充分條件。如前所述，這些指標確實在比較分析中對轉型有影響。但這只是概率性影響，不是決定性因果關係。這表明，我們無法根據這些標準預測或指導一個特定國家是否轉型。在全球化進程中，由於有國際影響和跨國示範作用，這些宏觀因素對民主化的影響在降低。

此外，這些指標僅僅對轉型品質有概率影響，對於轉型是否發生，沒有影響。決定轉型的發生是政治力量的意願及相互間互動。

第二個誤區是健康轉型是漸進的可控有序進程。這種觀點的問題是，將一個國家的長期歷史演進進程與政治體制轉型期混為一談。每個國家當然都有一部政治史，每部政治史都是一個長期的演進進程。但是，轉型期特指的是由專制向民主過渡的時間段。雖然這段時間的政治是此前的政治的結果，但此前政治並不決定轉型期的政治。根據經驗概括的轉型理論，自由化時期是一個可長可短的時期，但自由化一旦進入民主化，進程一般會很快。轉型期是一個劇烈變革的時期。不論我們個人如何偏愛，政治轉型中專制統治者交權給人民的決定是在政治衝突和壓力下做出的，是通過一系列讓人眼花繚亂的政治事件實現的。這是因為民主化不是開明專制的自我完善，而是最高權力的重新建構與轉移，這裡不是一個權力中心說了算而作出決策，更不會是一個長期的計畫指導的過程，而是新舊勢力間在一個無序的衝突和較量後達成的協議。就轉型是最高權力易手的劇烈變革而言，轉型是革命，不會是改良。

第三個誤區是民主轉型的動力被區分為自上而下和自下而上。民主轉型一定是在下面的壓力下實現的，但高層分裂出改革派集團積極回應民間壓力是和平轉型的條件。應當看到，不是所有的政治變革都是民主轉型。一些開明專制的自我改善常常被誤認為是民主轉型。其實，這類自我改善可以理解為善政改革，但只要最高權力的基礎不是由專制轉為民選的政治轉型，都不是民主轉型。將最高權力由專制統治者交給人民，從來不會是統治者發自善意的簡單自願的權力交出，而是在鬥爭壓力下不得已的舉措。雖然民主化是下面的壓力結果，但統治集團的行動策略選擇會對轉型的結局和代價有重大影響。統治集團主流拒絕變革，不僅加大代價，而且會使得轉型結局不確定。劇烈衝突的結果可能是政局長期混亂甚至內戰。在這種情況下，政治變化不被認為是轉型。

第四個誤區是朝野良性互動。朝野良性互動的一個通常表述是，與其它博弈相似，政治博弈中的朝野互動常常是囚犯困境，合作則雙贏，而衝突則雙輸。由此，一些民間意見領袖和學者呼籲民間力量應當一貫秉承善意，以統治者可以接受的方式爭取說服統治者，實施民主變革。他們理解這個過程是良性互動。這種思路的問題可以由博弈論對囚犯困境的分析揭示。雖然合作雙贏和衝突雙輸的博弈論分析的最後結論是朝野合作，但博弈論在如何實現合作局面的行動策略上與中國民間精英理解的良性互動有很大不同。囚犯困境揭示：如果一方不合作而另一方合作，導致的結局不是不合作轉為合作從而雙贏，而是不合作一方對合作一方得寸進尺、變本加厲地壓榨，從而最大化自己的利益；只有在對方不合作你也採取衝突的行動策略時，才會逼迫對方轉為合作。換句話說，合作雙贏的局面是以不合作雙輸的過程逼出來的。有人可能會問：如果衝突肯定是民間失敗因此民間沒有實力逼迫統治者讓步怎麼辦？其實，不合作導致統治者的治理成本增加，就會迫使他們改革，而不必有實力推翻他們的可能。因為他們比較繼續壓迫和改革政治的成本後，會理性地選擇改革，這是最大化自己的利益的選擇。因此，民間運動應當採取的行動策略是胡平先生在總結八九民運所說的「見好就收，見壞就上」。當統治集團堅持鎮壓時，民間採取不合作的反抗策略，加大治理成本，逼迫統治集團理性選擇讓步和合作；一旦統治集團決定合作讓步，民間應當善意積極回應統治集團的舉措，實現良性互動。政治轉型中的良性互動，很少是統治集團在民間說服下改革與民間學者的良性互動，而更可能是統治集團在政治風潮的壓力下與政治風潮所認同的領袖間的互動。

最後一個誤區是非暴力的謎思。中國民間運動在八〇年代開始堅持非暴力原則。「六四」屠殺激起的義憤一度導致民間有暴力推翻暴政的呼聲，但隨後對八九民運的反思產生更保守的行動策略共識。「非暴力原則」一度被解讀為民間運動不僅要對自己使用暴力進行限制，而且要保證自己的行動不招致統治集團的暴力鎮壓。這樣的原則事實上導致民間運動把行動策略的底線設定為不激怒統治集團。其實，在政治學中，非暴力既不是對成功轉型的經驗概括，也不是對民間運動的建議。因為政治學者清楚，國家的概念就是在一個地理區域內壟斷合法使用暴力的一組機構化設施；法律沒有暴力強制實施作為後盾就不是法律。民主化不過是將國家暴力的來源由專制者轉為人民授權。在暴力機器易手的過程中，不僅出現局部暴力難免，而且大規模暴力衝突出現及慘烈後果，是對統治集團濫用暴力鎮壓的有效制約，是統治集團理性決策和平讓渡權力的必要威懾。當然，民間運動應當盡可能堅守非暴力原則，因為民主政治是通過合理公開競爭的程式和平討論和解決分歧的政治，而不是在惡性衝突中不擇手段地戰勝甚至消滅政敵的政治。

中國民主轉型路徑圖

根據政治轉型的理論，我們可以對中國民主轉型的問題、路徑圖和民間運動行動策略提出一些合理的看法和建議。

中國一九八九年民主運動失敗並不是因為運動採取激進行動策略，主要是統治者選擇暴力鎮壓。第三波民主化的其他國家的行動方式的非理性和訴求激進都超過中國八九民運。但他們的統治者在面臨政治風潮時寧願交權也不鎮壓，導致和平開放轉型。在其他國家開國者暴力鎮壓的情況下，民主運動一般也都會失敗。當然，民間運動也不是沒有責任。當統治集團中有領袖善意回應民間訴求時，學生善意回應姿態不夠。因此，中國痛失第三波民主化機會的原因是鄧小平暴力扼殺民主化前景；沒有實現良性互動的主要責任是鄧小平。

中國在九〇年代鄧小平病逝時也有過轉型機遇，治理失敗（大量工人下崗和腐敗不公蔓延引發民憤）和繼承關頭都出現了。但中國精英普遍存在的保守心態使得中國沒有出現大規模政治風潮。統治集團憂心覆沒的同舟共濟心態，政治、經濟和文化精英腐敗壟斷瓜分改革和發展紅利的做法，和民間反對運動領袖放棄街頭對抗行動、自我設限活動形式為理性善意發聲的行動策略，都導致統治集團平穩渡過危機和繼承關頭。然而，統治者並沒有因為民間運動的善意而善意回應，而是如博弈論中囚犯困境分析所預測，在民間運動自我設限後，統治集團認為暴力高壓維穩是有效方式，於是更加濫用暴力。最後，統治集團連合法維權都要鎮壓，不僅採取一般專業正規暴力形式鎮壓，甚至兼用史達林的秘密員警和黑社會暴力方式鎮壓民間合法維權活動。在不受制約的統治集團更加肆虐濫用暴力的高度集團下，腐敗和不公發展迅速，激起草根民眾大規模反抗。這些反抗造成統治成本的急劇增加，給中共製造大量敵人。統治集團終於在近年開始反思暴力維穩方式的問題，提出改善治理模式的問題，思考政治改革化解危機的可能方式。

中國草根民眾激烈反抗造就出新的政治發展前景的可能性空間和轉型機遇。這不僅逼迫統治集團整體思考轉換暴力高壓維穩的治理方式，而且給精英造成普遍的危機意識，並產生巨大壓力撕裂了統治集團。政治改革是中國唯一出路再度成為朝野潛在共識。就目前情勢看，中國民主化的路徑圖將循人類政治民主化的一般模式。一個公共事件中執政者應對失策，激發大規模政治風潮，其壓力撕裂統治集團；統治集團中的改革派與民間運動良性互動，打開政治體制改革；各種政治力量通過圓桌會議過程，在交流、衝突、討價還價中的談判中制定新的憲法；各種政治力量組黨，在公平選舉中和平競爭政治領導位置。

在這個路徑圖中，中國民間運動不應當繼續過去的不當行動策略，批評和拒絕參雜著暴力和不理性行為的草根運動，而是應當修改過去將推動政治民主化局限於室內討論、媒體、政治發言、法庭和院外遊說等行動策略，採取各種方式走上街頭，參與、推動、發起和引領草根抗議活動，提升素質，將群體事件轉換為大規模政治風潮。當統治者中分化出改革派願意正面回應民間運動時，民間運動應當採取合作姿態，實現朝野良性互動，儘快召開圓桌會議，制定新的憲法，並組建新的政黨，投入選戰，讓憲法成為實際的政治運行機制，使得新體制運行不可逆轉。

最近幾年，我個人參與組建中國民主黨運動，就是依據上述理性分析人類政治智慧和經驗，根據中國具體政治情勢和轉型路徑圖，選擇的政治行動策略。中國民主黨全國委員會自成立起就號召舉行和平開放轉型的革命，堅定地支援中國民間抗議共產黨的腐敗暴政的各種形式活動，傳播理性對抗行動策略的思想和方式。我個人希望大家都加入這一歷史性事業。

在政治轉型的啟動關頭，中國未來不是簡單地對過去和現實分析進行趨勢外推的預測，而是把握機遇、通過行動創造現實。就此而言，預測中國未來的最合適人選，不是學者和專家，而是行動者，因為未來是他們的行動實現他們的理念。未來不是客觀預測出來的，而是主觀行動創造出來的！

（本篇文章是根據二〇一二年一〇月六日在紀念胡耀邦趙紫陽基金會理論年會上的發言修改，由胡趙基金會二〇一二年出版。）

國家圖書館出版品預行編目（CIP）資料

行動創造轉型 - 中國民主化的思考筆記 / 王軍濤作
初版 -- [臺北市] : 匠心文化創意行銷 , 2020.11
面 ; 公分 -- (對話中國文庫 ;3)
ISBN 978-986-99655-0-7(平裝)
1. 王軍濤

渠成文化 對話中國文庫 003
行動創造轉型 - 中國民主化的思考筆記

作　　者 王軍濤
圖書授權 對話中國
圖書策畫 匠心文創
發 行 人 莊宗仁
出版總監 柯延婷
專案主編 王丹
專案企劃 謝政均
美術設計 顏柯夫
內頁設計 顏柯夫
編輯校對 匠心文創
E-mail cxwc0801@gmail.com
網　　址 https://www.facebook.com/CXWC0801
總 代 理 旭昇圖書有限公司
出版日期 2020 年 11 月 初版一刷
總 代 理 旭昇圖書有限公司
地址新北市中和區中山路二段 352 號 2 樓
電　　話 02-2245-1480（代表號）
印　　製 安隆印刷
定　　價 新臺幣 300 元
ISBN 978-986-99655-0-7